Asamblea de Iglesia Pentecostal de Jesucristo

La historia

Nuestras raíces en la plantación del reino

Lic. Sara Pabón Rosado

Asamblea de Iglesia Pentecostal de Jesucristo
© 2011 Asamblea de Iglesia Pentecostal de Jesucristo, Inc.
Reservados todos los derechos.

Redacción y recopilación histórica: Lic. Sara Pabón Rosado

No se autoriza la reproducción de este libro ni partes del mismo en forma alguna, ni tampoco que sea archivado en un sistema de almacenamiento de información o transmitido por algún medio (electrónico, mecánico, fotocopia, grabación u otro) sin permiso previo de los editores.

Publicado por:
Christian Editing, Inc.
Miami, Florida, 33196
ChristianEditing.com

Cubierta: IBDesign
Diseño interior: Mediaprint, s.r.l.

ISBN: 978-0-9833950-3-4

Impreso en Colombia.

Categorías: Historia de la Iglesia. Vida Cristiana.

Para solicitar de este libro puede dirigirse a: 3452 W. North. Ave. Chicago, IL 60647
TEL. (773) 862-6775 Fax. (773) 862-6779

La historia • Nuestras raíces en la plantación del Reino.

Índice

Dedicatoria 7
Prefacio 9
Prólogo 13
Parte I 15
Nuestras Raíces 15
Nace una iglesia en Nueva York 15
Fotos de nuestros comienzos 25
Logo Oficial de nuestra organización 31
Economía Conciliar 33
Época de Oro Para Nuestro Movimiento 35
Parte II 37
Distritos Conciliares 37
Nueva York 37
Chicago 40
Milwaukee, Wisconsin 42
California 44
Pennsylvania 47
Puerto Rico 50
New England 54
Florida 58
Texas 62

3

Parte III 65
Misiones – Campos Foráneos 65
México 65
República Dominicana 67
El Salvador 72
República de Guatemala 75
República de Nicaragua 78

Parte IV 81
Nuestros Presidentes 81
Rev. Joaquín Ramos 82
Rev. Andrés Matos Vázquez 84
Rev. Crisolo Texidor Delgado 87
Rev. Clotilde Medina 91
Rev. Otoniel Torres 94
Rev. Wilfredo Díaz Reyes 97

Parte V 99
Departamentos 99
Oficina central 99
Directivas Ejecutivas 101
Revista Oficial "Sendero de Verdad" ... 104
Asociación de Heraldos de Cristo ... 106
Hombres comprometidos por la causa del Señor .. 106
Asociación de Damas Mensajeras del Señor ... 108
Juventud "Embajadores del Rey" ... 111
Los niños "Joyas de Cristo" 115
Historia del Instituto y Escuela Bíblica ... 117
Escuelita de Cristo 121

La historia • Nuestras raíces en la plantación del Reino.

Parte VI	123
Declaración de verdades fundamentales	123
La Inspiración de las Escrituras	123
El Único Dios Verdadero	124
La Adorable Deidad	124
La Deidad del Señor Jesucristo	128
La caída del hombre	128
La salvación del hombre	129
Las ordenanzas de la Iglesia	129
Bautismo en el Espíritu Santo	130
La evidencia del bautismo en el Espíritu Santo	131
Santificación	131
La Iglesia	133
El Ministerio	134
Sanidad Divina	135
La Esperanza Bienaventurada	135
El Reino Milenial de Cristo	135
El Juicio Final	136
Cielos Nuevos y Tierra Nueva	136
El Diezmo	136
Bibliografía	138
Apéndice A	140
Apéndice B	144
Apéndice C	146

Dedicatoria

Los triunfos en la obra del Señor han sido palpables y visibles por cuanto ha quedado asentado que desde el comienzo de este movimiento de Dios, su gracia ha estado con los pioneros y los que seguimos después de ellos en el presente.

No fue en vano la visión de estos hombres de Dios de la década de los cincuenta. No fue una visión fragmentada en ideologías personales, sino en el fundamento bíblico de los apóstoles.

Es por ello que hemos llegado hasta aquí; el comienzo de un nuevo año nos lleva a unos nuevos retos.

Estos pioneros incansables nos dejaron su ejemplo de abnegación, inspiración y responsabilidad de trabajo en la viña del Señor.

Es por eso que con honor dedicamos esta obra literaria a nuestros pioneros y forjadores de nuestras raíces para la plantación del reino. Hombres y mujeres esforzados, comprometidos con Dios y con su obra.

Siempre recordaremos a la misionera Juana Rivera, Dr. Joaquín Ramos, Rev. Andrés Matos, Rev. Crisolo Texidor, Rev. Clotilde Medina, Rev. Octavio Espinosa, Rev. Federico Feliciano, Rev. Chabelo Feliciano, Rev. Angel Moreno, Rev.

Asamblea de Iglesia Pentecostal de Jesucristo.

Otoniel Torres, Rev. Ramón Gerena, Rev. Acosta, Rev. Manuel Marín, Rev. Rumaldo Rivera, Rev. José L. Troche, Rev. Antonio Ramos y otros tantos y tantos más que dieron forma y poniendo mano a la obra formaron nuestra organización.

¡Sencillamente Gracias!

Prefacio

En toda labor hay fruto; y del fruto de su boca el hombre comerá el bien y le será pagado según la obra de sus manos.

Sintiendo en mi corazón un deseo genuino de encontrarme con mis raíces, de conocer y escribir la historia de mi concilio, pone Dios una carga muy fuerte envuelta en el manto de la pasión por Cristo de entregarle a mi organización algo de lo que ella deposito en mí desde muy niña. Un depósito incalculable del amor a Dios y el deseo de servir a otros. El valor que tiene el ministerio en la vida de un siervo del Señor. Alguien dijo: Si no sirves, no sirves. Hoy mi corazón quiere servir a quien fue y es mi alma mater espiritual y en la cual Dios me permitió desarrollar como obrero de su obra.

De niña pude ver a mis padres entrar a estudiar la palabra de Dios en el Instituto Bíblico, crecer, conocer a Jesucristo e trabajar mano a mano para el reino de Jesucristo unido a una familia; esta familia era y es una espiritual la cual es unida a través de la sangre de Cristo, el amor y los lazos fraternales que se van formando en cada participación de las actividades que juntos realizamos. Hoy otra generación se levanta así como pude ver en ese grupo de pastores, lideres, siervos y consiervos ese amor por la obra de Dios y por el concilio, así lo deseo perpetuar en los corazones de esta nueva generación.

Ahora la preocupación grande de cómo presentar una obra donde reuniera el contenido integral y la mayor información que fuera posible del trabajo realizado como organización conciliar. El ir tras la búsqueda de un tesoro escondido en libros, actas, en testimonios de los protagonistas de la historia y hasta donde fuese necesario para lograr una obra literaria de sumo valor para todos nosotros los que pertenecemos a ella y para aquellos que la estudien como historia solo por el conocimiento.

Pienso que al conocerla podríamos valorizar, amar más a esos consiervos que esmeradamente trabajaron. Otra razón seria permitir que otros se enteren de quienes somos de donde salimos y hacia donde debemos continuar encaminado. El sacrificio, la abnegación y la entrega que nos debe identificar con el camino que otros anduvieron y que hoy caminamos pero que otros caminaran.

Hoy queriendo reconocer quienes fueron esos consiervos que se esmeraron para que se pueda decir el concilio Asamblea de Iglesia Pentecostal de Jesucristo, Inc. y con profundo respeto y admiración rendir tributo y honor a los que en un momento Dios uso para formar mis raíces y colaboraron en la plantación del reino.

Lo que comenzó llamándose Primera Iglesia Pentecostal de Jesucristo, Inc., ha cruzado fronteras, ha movido sus estacas, y ensanchando el sitio de su cabaña y sabemos que la labor misionera realizada por esta organización seguirá siendo el vehículo de la expansión del reino. Esta es mi historia, no la de las Asambleas Iglesias Pentecostales de Jesucristo, tampoco de la Iglesia Pentecostal de Jesucristo, ni de las muchas ramas que hay en Estados Unidos. Esta es la historia de la Primera Iglesia Pentecostal de Jesucristo mas tarde reconocida como: Asamblea de Iglesia Pentecostal de Jesucristo. Muchos escritos hay donde hemos encontrado información incompleta, incorrecta o incongruente. Por tal razón el conocimiento de la verdad nos hace libre. Dando el respeto a los que antes escribieron, sencillamente escribieron su propia historia, por eso digo esta es La Historia de Asamblea Iglesia Pentecostal de Jesucristo. Y que mejor que una hija nacida, criada y partícipe activa de AIPJ, INC. para esta gran comisión. Hoy nuestra historia a parte de vivida la recordamos en este escrito minucioso analizado y compaginada. La tenacidad, esfuerzo, empeño y deseo de encontrarnos así mismo ha dado a luz esta obra literaria.

En la búsqueda de nuestra historia y entrevistando a uno de nuestros pilares Rev. Crisolo Texidor, recuerdo una gran expresión que salió de su corazón y hoy quiero compartirla con usted amado lector: "Ahora que te he dado esta información, y se que está en buenas manos se que nuestro trabajo va a continuar y tendrá quién lo perpetúe. Ahora quiero viajar a New York y morir en paz". Este varón de Dios sencillamente estaba esperando que Dios enviara uno de los muchos hijos o nietos espirituales de su ministerio que llegara para entregarle un tesoro incalculable. Fotos, minutas, programas de convenciones, revistas, confesiones y recuerdos que jamás yo me iba a imaginar. Su deseo le fue cumplido y mi misión hoy completada.

Hoy completamente agradecida a todas aquellos que trabajaron mostramos admiración gratitud y respeto hacia ellos por su tenacidad en medio de las diversas pruebas de fe que tuvieron que sobreponerse y vencerlas. En especial quiero agradecer a la Lic. Rosi Pérez, Lic. David Martínez por ayudarme en la organización del material a la hna. Lic. Yolanda

Asamblea de Iglesia Pentecostal de Jesucristo.

Rivera por haberme hospedado en su hogar y Rev. Diana Quiñónes y esposo por su hospitalidad todas las veces que la necesite. A todos gracias.

Agradezco la colaboración de aquellos que unidos a esta servidora suplieron información, dieron entrevista y compartieron sus historias e fotos. A los que trabajaron en la oficina en libretas de actas de convención de los diversos delegados y libros viejos pero llenos de tesoros de información. En especial al hno. Ramón Rodríguez, hijo de nuestra fundadora, al hno. Jorge Suárez, casado con la hija del Rev. Andrés Matos por las múltiples conversaciones cuando no podía entender la magnitud de este rompecabezas.

Estoy sumamente agradecida al comité Ejecutivo Internacional y a su presidente Rev. Wilfredo Díaz por designar y confiar tan grande labor. Al comité que trabajo con mi persona y a todos los que me ayudaron en la redacción de la historia, a mi esposo el Rev. Luís A. Nieves, mis hijos Zoraida, Josué, Ramón y Giovanni por toda la paciencia que mostraron con mi persona en los momentos que deje de ser de ustedes para ser de todos. Muchas gracias a todos con mi corazón una vez más GRACIAS.

Esperando que sea valorado por todos.

Lic. Sara Pabón Rosado
Directora de Educación

Prólogo

Se escribe para que no se olvide, se escribe para que quede constancia de sucesos de historia. El mismo Dios inspiro hombres para escribir la voluntad Divina y su propósito para con nosotros, esa escritura ha cambiado al mundo, la Biblia.

Tengo muchos años como líder de esta organización AIPJ INC., y surge la preocupación sobre quienes somos, cuando empezamos y quienes fueron nuestros pioneros. Consciente de que hay historia de grandes hombres de Dios su visión y su trayectoria pero lamentablemente, una historia flotante, no recopilada y esparcida entre nuestros pilares y pioneros. Es ahí donde nace la necesidad de dar vida a nuestra historia, de enaltecer y valorizar un legado verídico de la existencia de AIPJ INC.

Marcado por esa inquietud compartí la idea con el resto del Cuerpo Ejecutivo los cuales la endosaron rápidamente. Ahora necesitábamos quien podría darle vida a nuestro sueño, muy rápidamente pensamos en una persona que es parte de nuestra Historia que como Daniel el profeta ha vivido en diferentes reinados. Nos referimos A la Lic. Sara Pabón nacida en Chicago, ILL, esposa de pastor y Directora del departamento de Educación. Rápidamente la Hna. Sara Pabón acepto el reto y abrazo la visión y se dio a la enorme tarea de buscar información, verificar datos, fechas lugares y testimonios.

Durante espacio de dos años se mantuvo viajando por diferentes estados de la unión americana donde estaba nuestra historia esperando alguien que la rescatara. Tuvo que ir allende de los mares donde también había historia, Centroamérica, México.

No se detuvo hasta que consiguió el último detalle, dato o testimonio, hoy es un placer para mí presentar a usted amado lector la historia triunfante de una gran organización AIPJ INC.

Nos sentimos sumamente orgullosos que esta nuestra historia forme parte del currículo de cada uno de nuestros centro de enseñanza IBI.

Estando seguros que todos los que la lean reconocerán que nuestro Dios ha sido maravilloso con nosotros usándonos como un gran recurso para la propagación y enseñanza del evangelio de Jesucristo.

Agradecidos de Dios y de todos los que de una forma u otra hicieron posible un sueño hecho una realidad, La historia real del mover de Dios en AIPJ INC.

Rev. Wilfredo Díaz
Presidente Ejecutivo Internacional.

Parte I
Nuestras Raíces

Nace una iglesia en Nueva York

"Ordena mis pasos con tu palabra," Salmo 119:133. Desde un terruño tropical en la cuenca del Caribe sin barreras, murallas, ni fronteras para expandir el Reino de los cielos, siguiendo las direcciones divinas, surge un nuevo Éxodo. En el año 1946, después de la recesión provocada por la segunda guerra mundial, un grupo de hermanos de la isla de Puerto Rico y miembros del movimiento Iglesia Pentecostal de Jesucristo (cuyo Presidente en ese tiempo era el Rev. Félix Rivera Cardona), llegan a la ciudad de los rascacielos; Nueva York.

Adoptan la gran urbe como su nuevo hogar y consientes de la gran comisión de: "Id y predicad el evangelio a toda criatura" Marcos 16:15. Sin pérdida de tiempo se lanzaron hacia las calles frías llevando un mensaje de Salvación. Desafiando las inclemencias del tiempo, desafiando una cultura diferente a la Borinqueña; desafiando aun las barreras del lenguaje, logran abrirse paso y al poco tiempo fundan algunas obras en la ciudad de Nueva York.

Tomando posesión de la nueva tierra en nombre de Jesucristo, la Misionera Juana Rivera, hermana del Rev. Félix Rivera, y sus hijos comienzan y se pone contacto con su hermano para que reconociera la obra. En el mes de octubre del 1947 el Rev. Félix Rivera Cardona viajo con el Rev. Rafael Torres Rivera que fue unos de los primeros que se gano para el Señor y la hermana Juana le entrego los diezmos que había guardado y colectado de sus hijos en todo el tiempo que estuvo en Nueva York. (Entrevista al Sr. Ramón Rodríguez, 2008) La primera incorporación hecha fue el 6 de noviembre 1947 en Nueva York siendo el presidente en ese comienzo el Rev. Eduardo Pagán, Rev. Alfredo Saldivia como vicepresidente, Rev. Guillermo Valentín, secretario y la Hna. Juana Rivera también está en los firmantes de esta incorporación bajo el nombre: Concilio de las Iglesias Pentecostales de Jesucristo. El Rev. Félix Rivera aparece como parte de los que presiden, las oficinas eran en 110 East 108st, Manhattan, Nueva York.

Así enarbolan con victoria la bandera de la Fe en la 18 de la Graham Avenue, siendo el primer pastor hno. Eduardo Pagán. Dios bendiciendo la obra y prosperándole con una gran cosecha les permite que se mudaran al 667 de Broadway, Brooklyn NY y establecen así nuestra primera iglesia, es aquí que el Rev. Joaquín Ramos comienza a pastorear y Dios a desarrollar lo que sería solamente el comienzo de una gran victoria y una gran organización.

Este es el grupo que surgió del primer movimiento Pentecostés en Puerto Rico llevándose consigo la misma creencia primitiva:

- La inspiración de las Sagradas Escrituras
- El Único Dios verdadero
- La Adorable Deidad

También las mismas ordenanzas de la Iglesia:

- El bautismo en las aguas
- Santa Cena
- Bautismo en el Espíritu Santo
- Santificación

Por último, la doctrina de la Santidad por dentro y por fuera, por sus frutos los conoceréis…Mateo 7:16. Luego, más tarde, se establecieron en 114 E. 108, en Manhattan NY, cuyo pastor vino a ser el Rev. Joaquín Ramos, quien fuera doctor en educación teológica, y nuestro primer presidente.

Para el año 1951, oyendo la voz "Ensancha el sitio de tu tienda, y las cortinas de tus habitaciones sean extendidas; no seas escasa; alarga tus cuerdas, y refuerza tus estacas; Isaías 54:2, llega a la ciudad de los vientos, Chicago, Illinois el Hno. Ramón Rodríguez. Su esposa llego más tarde, la Hna. Enid Rivera su compañera por más de sesenta (60) años. Nos cuenta el hno. Ramón {Monchito} que salió para Chicago viajando en la Greyhound y el primer taxi que vio lo detuvo y le dijo al chofer que lo dejara en donde se reunía los hermanos que en aquel tiempo le decían los "holy brothers" allí se fue de rodillas y comenzó a llorar delante de Dios al encontrarse en una ciudad tan grande y tan solo, mientras los hermanos adoraban a Dios en todo el culto estuvo de

Asamblea de Iglesia Pentecostal de Jesucristo.

rodillas y un personaje alto, blanco le puso las manos y dijo: Hijo, te he traído a Chicago con un propósito. El mensaje fue repetido varias veces. El pastor de ese lugar hablaba del joven que los visitaba esa noche y llorando el hermano Monchito pregunta: "¿quien le había hablado y tocado?" entonces comprende que Dios le estaba llamando. Llamo a su madre y ella le contesta que ese era el Ángel de Jehová que lo había visitado. Le escribió al Rev. Rafael Torres sobre la experiencia y le contesta ponte en las manos de Dios, así comienza y fue a una bodega y preguntó ¿Cuántos puertorriqueños hay aquí en Chicago? Le contestaron como 5,000 buscando entablar conversación y conocer a las personas y fue a un edificio de la West de la Warren Blvd. Y comenzó a evangelizar de arriba hacia abajo allí encontró a un joven con una guitarra llamado Agustín Rivera y le dijo vente conmigo así como cuando Jesús llamo a sus discípulos el hermano Agustín le siguió, pues él era recién convertido en Puerto Rico en una campaña del Evangelista Osborn. Otros ocho le siguieron y dieron un culto en 7636 West de la Jackson Blvd. en un sótano. Allí predico su primer mensaje basado en Génesis 6 en el diluvio y todos se convirtieron y es así que comenzó la obra, luego comienza hacer conexiones y llega a la calle Polaina y Madison y renta un local. Oraba a Dios a que enviara mujeres pues solo había hombres. Luego de la obra crecer el Hno. Rafael Torres le dijo al Hno. Monchito que fuera a Sabana Illinois y buscara al obrero Tomas Cortés que él te puede ayudar y fue con el grupo y lo consiguió, en cada esquina que se paraban predicaban. Hablando con Dios le dijo Señor si tú me llamaste al ministerio unges estas manos y hasta el día de hoy toca en forma magistral el piano.

El hno. Tomas Cortés con una de las hijas del hermano Ramón Rodríguez, en la ciudad de los vientos Chicago, IL.

El estuvo pastoreando por espacio de un año, y fue obrero de la Iglesia Pentecostal de Jesucristo, Inc. de Puerto Rico, teniendo el que regresar a la isla el hno. Monchito se da a la tarea de buscar a otra persona. Es ahí que Dios se provee del hno. Andrés Matos para la obra en Chicago. La obra ya estaba localizada en la 1323 de la West Madison y la iglesia le había preparado un apartamento equipado con todo para él y su familia ya que para este tiempo tenía cuatro hijos. La obra contaba con alrededor de sesenta personas entre ellos el hno. Pablito Centeno. Su familia aun son miembros.

Asamblea de Iglesia Pentecostal de Jesucristo.

Hno. Pablito Centeno y su familia. Recientemente tuvimos nuestra convención #58 en Puerto Rico y allí fue reconocida la Hna. Yolanda Díaz, hija del Hno. Pablito Centeno.

El Rev. Matos era miembro activo y secretario de la Iglesia Pentecostal de Jesucristo de Puerto Rico El hno. Andrés Matos había recién llegado de Puerto Rico a Nueva York y hno. Rafael Torres le habla de él y de esa manera son conectado a través de los líderes de Puerto Rico. Dios bendijo la obra y progreso bajo el pastorado de nuestro hermano.

En el año 1952 fue una época de oro para nuestro movimiento. La semilla siguió esparciéndose con Iglesias establecidas en Nueva York, Chicago, Wisconsin e Indiana.

La historia • Nuestras raíces en la plantación del Reino.

Primera iglesia de Brooklyn Nueva York fundada en el 1947, Pastoreada por el Rev. Joaquín Ramos

En el 25 de febrero 1954, el Rev. Hace una incorporación oficial bajo nombre del movimiento Primera Iglesia Pentecostal de Jesucristo, Inc. aparece siendo los firmantes el Rev. Andrés Matos, Rev. Joaquín Ramos, Alfonso Hernández, Ángel Soto, Ambrosio Rodríguez y Ángel Mercado. La dirección oficial seria 667 Broadway St., Brooklyn, NY la iglesia que pastoreaba el Rev. Joaquín Ramos. En el año 1957 el Rev. Crisolo Texidor se une a trabajar con la reciente y naciente Primera Iglesia Pentecostal de Jesucristo Inc. Desde comienzo de esta nueva década de los cincuenta en aquel mismo tiempo otra obra comienza en Chicago a través del Hno. Ramón Rodríguez en 1043 de la norte de la Wells St. Al pasar un año había como ochenta personas congregándose.

Asamblea de Iglesia Pentecostal de Jesucristo.

Grupo de damas de la 1043 N. Wells St., Chicago, IL

Esta obra fue comenzada con el Hno. Pompilio y Áurea González comenzaron orando y después de cinco meses clamando salieron a buscar a todo los que conocían y antes del año había como ochenta personas. El hno. Monchito sintió en su corazón irse a comenzar otra obra e instalan de pastor el Rev. Romualdo Rivera en la 1043 N. Wells St., Chicago, IL. Los hermanos González y la Hna. Lela fueron con el Hno. Monchito a la North Avenue. Nuestro hermano con un espíritu misionero comienza comprando veinticinco sillas en el Salvation Army, Dios prospero tan rápido la obra que hubo que mudarse a un edificio más grande y con calefacción. La iglesia fue establecida en la División y Oakley a los seis meses Dios inquieta el corazón del Hno. Ramón

Rodríguez a viajar a California y en ese lugar el Rev. Andrés Matos instaló como pastor al Rev. Julio Ortíz. Había como veinticinco personas.

Nuestro hermano Matos aparecía en ese tiempo como parte de la directiva de la Iglesia Pentecostal de Jesucristo, Inc. de Puerto Rico. El incorpora la Primera Iglesia Pentecostal de Jesucristo, de esta manera va naciendo en su mente y en su corazón un gran Concilio. Aunque en el principio éramos uno o se mantenía la unidad con los líderes de Puerto Rico siempre pudimos ver en este comienzo nuestras raíces en la plantación del Reino. El hermano Andrés Matos es uno de nuestros héroes dorados pues junto al liderazgo del Reverendo Crisolo Texidor y el Reverendo Clotilde Medina ellos forjaron y desarrollaron lo que es nuestra organización. La unión trajo como resultado un compañerismo cristiano en el Señor y un amor al servicio de la obra como lo más importante. Estos héroes empezaron, permanecieron y dieron su vida hasta el final por lo que creyeron. Gente como ellos nos han enseñado a amar nuestras raíces y a permanecer trabajando en la obra que ellos dejaron. Héroes no son los que han estado con nosotros sino aquellos que comenzaron, permanecieron, y hasta han dado el todo por el todo hasta la muerte. Al hablar de estos hermanos los podemos describir como nuestro origen: Mis. Juana Rivera, una mujer emprendedora, Hno. . Joaquín Ramos fue un gran educador, Hno. Matos el hombre visionario que amo la educación. Hno. Crisolo Texidor el líder de la autoridad. Hno. Clotilde Medina lo consideramos el presidente misionero, su amor por los campos misionero fue demostrado en todo su trabajo. Nuestro Hno. Medina donde quiera que abría una iglesia enseñaba música y abría un Instituto bíblico y los envolvía en el trabajo conciliar, el Hno. Otoniel Torres otro presidente conciliar lo recordamos como el presidente parlamentarista, amador de la enseñanza teológica. Al presidente Wilfredo Díaz lo recordaremos siempre como el presidente poético que abrió la puerta a los líderes conciliares más jóvenes, hombre de visión de trabajos en equipos. Nuestros líderes siempre han estado hasta el final son nuestros Héroes dorados, ejemplos a seguir. Siempre hay que recordar que un visionario no está hecho para ser entendido, Dios los comisiona para hacer sueños realidad. Hoy lo que fue la Primera Iglesia Pentecostal y conocida por Asamblea de Iglesia Pentecostal de Jesucristo, tiene miles de miembros que aman y apoyan la organización.

Una segunda generación de líderes se levantaron, los cuales en sus años de servicio dieron el máximo de sus vidas y ministerio. sacrificaron el todo por el todo, nada era mas importante que la obra del Señor, entre ellos podemos destacar Rev. Miguel Martínez, Rev. Miguel Limardo, Rev. Jorge Ortíz, Rev. Federico Feliciano, Chabelo Feliciano, Manuel Marin, Rev. Octavio Espinosa, Rev.Julito Castillo,estos líderes tuvieron muchos hijos espirituales que continuaron la visión sobre la cual corre la organización en el dia de hoy.

La historia • Nuestras raíces en la plantación del Reino.

Fotos de nuestros comienzos

Honor a quien honor merece. Nuestra hermana Mis. Juana Rivera Cardona, la mujer que Dios uso para el inicio de la primera Iglesia Pentecostal de Jesucristo en Nueva York. Era hermana carnal del Rev. Félix Rivera, fundador de la iglesia Pentecostal de Jesucristo en Puerto Rico.

Asamblea de Iglesia Pentecostal de Jesucristo.

Esta foto habla de nuestra unión con los líderes de Puerto Rico en los años 50 de izquierda a derecha: Rev. Rafael Torres, Rev. Andrés Matos, Rev. Ramón Rodríguez, Rev. Félix Rivera y Rev. Juan Lebrón.

Grupo de obreros al centro Rev. Joaquín Ramos quien fuera el primer presidente, Aunque por muy breve tiempo, Dios bendijo Su ministerio grandemente y fue muy amado en la organización.

"Ministrando estos al Señor, y ayunando; dijo el Espíritu Santo: "Apartadme a Bernabé y a Saulo para la obra a que los he llamado. "Bajo el hábil liderato del Rev. Andrés Matos, para el año 1955 conoce al joven dinámico de visión misionera, Clotilde Medina, quien era miembro de una de las Iglesias de Dios Pentecostal en East Chicago, Indiana. Continúa la obra del Señor su grande progreso y para el año 1957 el Rev. Andrés Matos fue electo Presidente del Concilio en convención anual que se celebraba en ese tiempo".

En esta foto histórica, que data del 1958 aparece el Rev. Félix Rivera Cardona (derecha), y distinguimos al Rev. Crisolo Texidor, Rev. Clotilde Medina, Rev. Andrés Matos, Rev. Manuel Marín, y el Rev. José L. Troche.

Nuestra organización celebró la primera conferencia en el mes de Julio de 1952, en Nueva York. En la convención de 1954, se aprobó la constitución y reglamento de la Primera Iglesia Pentecostal de Jesucristo, Inc. Teniendo una participación activa los lideres de Puerto Rico pues ellos enviaban un delegado siendo las mayorías de las veces un ministro ordenado y líderes de la organización.

Las conferencias eran muy bendecidas por la presencia del Espíritu Santo y la alegría era tal que los hermanos viajaban de Chicago a Nueva York y viceversa así fue desarrollándose la hermandad, amistad y el sentido de pertenencia con la organización. Para el 3 de Junio 1958 los líderes del concilio Iglesia Pentecostal de Jesucristo acordaron trabajar con el Distrito Hispano del Este de las Asambleas de Dios, Inc., los firmantes fueron el Rev. Rafael Torres Rivera, Rev. Carlos Lebrón, Rev. Frank Malavé, Rev. Félix Rivera Cardona, entre otros Esta unión trajo conflictos con las iglesias de Nueva York, Chicago pues no aceptaban unirse a las Asambleas de Dios, trayendo muchos disgusto y tensiones. Este período lo podemos llamar convulso, nuevas incorporaciones, disgusto y continuidad de la obra.

Nuestras iglesias trabajaban bajo la dirección de Rev. Andrés Matos y resistían fuertemente esta unión que se fraguaba en Puerto Rico. Tan fuerte y desconcertada fue esta unión que trajo muchos días de incertidumbre para el concilio terminando esta controversia en los tribunales de Puerto Rico. Todo este litigio duro hasta 1962, Los tribunales fallaron en contra de la Iglesia Pentecostal de Jesucristo, Inc.

Nuestras iglesias en Nueva York y Chicago sufrieron el abandono del liderato de Puerto Rico y otros conflictos que ya existían provocaron la rotura o unión que existía con el concilio Pentecostal De Jesucristo de Puerto Rico.

Es ahí en el 1961 se celebra la convención en el mes de Julio en la iglesia situada en 220 E. 118 St, NY, templo emblemático pastoreado por el Rev. Crisolo Texidor y presentando una enmienda de cambiarse el nombre A Asamblea de Iglesia Pentecostal De Jesucristo Inc. Esto fue aceptado por unanimidad pasando así a incorporarse el día 8 de marzo de 1962, en la cuidad de Albany, NY., más tarde es registrado en otros estados. Para el año 1961 era secretario general de nuestro movimiento el muy querido hermano Rumualdo Rivera, que pastoreaba una iglesia ubicada en la calle Wells 1043 N. y el tesorero general era el Rev. José Luis Troche. Por causa de la enfermedad, el Rev. Rivera tuvo que ser trasladado a Puerto Rico donde partió con el Señor.

Es por esa razón que se convoca una asamblea extraordinaria 14 de enero 1961 y fue celebrada en el 1326 W. Madison en Chicago dando comienzo a la 1:00 p.m. con 9 obreros presentes, 6 ausentes teniendo 4 obreros excusas razonable. Allí se tomaron los siguientes acuerdos. El Rev. Clotilde Medina ocuparía el cargo de secretario general y siendo que el Rev. Rivera era el incorporador de la Primera iglesia Pentecostal de Jesucristo en el Estado de Illinois, el Rev. Clotilde Medina pasa a sustituirlo. También se acordó en unanimidad que el Rev. Crisolo Texidor fungiera como vice-presidente y presbítero del distrito de Nueva York. (Acta de reunión). Es preciso notar el alto sentido de responsabilidad y el deseo genuino de responder al llamado de Dios en estos varones esforzados. Desde el años 1953 el liderazgo de Hno. Andrés Matos, Crisolo Texidor, Clotilde Medina despuntaban con brillo y autoridad. Fueron estos los que lograron organizar,

Asamblea de Iglesia Pentecostal de Jesucristo.

dar tal forma que la Primera Iglesia Pentecostal de Jesucristo, Inc. Y luego reconocida por Asamblea Iglesia Pentecostal de Jesucristo, Inc. Quedó totalmente organizada y con continuidad de trabajo sin recesar o cambios organizacionales. Hay otros obreros que fueron de gran bendición, recordamos a Rev. Raymond Figueroa, Rev. Alfonso Hernández, Rev. Miguel Cintrón, Juan Lebrón, Rev. Guillermo Valentín, Rev. Juan Ramón Ortíz y hno. Octavio Narváez. Dios confirmaba el trabajo y la cuidad de los rascacielos y de los vientos eran visitadas por un avivamiento incomparable. Era un despertar y respuestas a las oraciones en los aposentos altos a la cual estaban acostumbrados los hermanos.

La directiva compuesta quedó así: Presidente: Rev. Andrés Matos, Vice-Presidente: Rev. Crisolo Texidor, Secretario Rev. Clotilde Medina, Sub-Secretario: Rev. Luis Matos, Tesorero Rev. José L. Troche, Sub-Tesorero: Rev. José Medina. Sindico: Rev. Antonio Acosta

Logo Oficial de nuestra organización

El encargado de crear el Logo de nuestra organización lo fue el Rev. Crisolo Texidor. Inspirándose en el escudo de Puerto Rico, da rienda suelta a su creatividad. Teniendo nuestro emblema la siguiente explicación:

- La aureola de ramas verdes de olivo: significan nuestra victoria, como aquel olivo que trajo la paloma en el pico cuando las aguas se habían retirado de sobre la tierra en los tiempos de Noé. Y reconociendo que todo lo que es nacido de Dios vence al mundo; y esta es la victoria que vence al mundo, nuestra Fe. Hoy declaramos nuestra organización más que vencedora, pues a pesar de muchos obstáculos hallados en el camino y en muchas tormentas ha permanecido como una antorcha encendida.

- El cordero tipo de nuestro Señor Jesucristo. Porque la palabra registra en Apocalipsis 2:10 que pelearán contra el cordero y el cordero los vencerá, porque es Señor de Señores y Rey de Reyes, y porque nuestra salvación pertenece a nuestro Dios que está sentado en el trono y al cordero. No podemos olvidar que el cordero que fue inmolado es digno de tomar el poder, las riquezas, la sabiduría, la fortaleza, la honra, la gloria y la alabanza.

- La Biblia representa las sagradas escrituras, la palabra de Dios nuestra única regla de Fe. Como cita la palabra en Éxodo 32:26 y las tablas eran obra de Dios y la escritura era escritura de Dios grabada sobre las tablas. Y porque la palabra nos exhorta a escudriñarlas porque en ellas hallará la vida eterna. Entendiendo que las escrituras nos pueden hacer sabios para la salvación por la fe que es en Cristo Jesús. Ella es el ancla de nuestra Fe y atreves de creer en ella tenemos una esperanza redentora.

- El hasta de madera representa la cruz, haciéndonos recordar la paz mediante la sangre en su cruz. Así también nuestros fundadores y generaciones subsiguientes han tenido que llevar la cruz sin mirar atrás.

- La bandera roja nos trae a la memoria y representa la sangre del sacrificio, sabiendo que sin derramamiento de sangre no se hace remisión, y por la sangre del pacto seremos salvo. Por tal razón continuamos predicando a Cristo y atrayendo Almas al arrepentimiento y bautizándolo en el nombre del trino Dios.

Nuestro Reglamento dice: La bandera oficial del concilio llevará por nombre Bandera de la Asamblea de Iglesia Pentecostal de Jesucristo Inc. Su forma es rectangular, con el fondo azul celeste, una aureola de rama verde de olivo a la redonda alrededor en el centro. Y dentro de él un cordero blanco encima de una Biblia negra, sujetando una hasta de madera color marrón con una cruz y una bandera roja.

La historia • Nuestras raíces en la plantación del Reino.

Economía Conciliar

Para el 1954 se informaba una entrada por concepto de diezmo de diezmo de por $605.44 (Acta Conferencia, p.4) las iglesias estaban en Milwaukee, WI, Indiana, Chicago, IL y Brooklyn, NY. Dios bendecía grandemente a la iglesia naciente dándole sus primeras iglesias hermanas y sin saber que esto crecería tan grande aun transcendiendo fronteras. Cumpliéndose así la palabra irán andando llorando sembrando la semilla más volverán con regocijo trayendo sus gavillas. Hoy por hoy Dios ha bendecido nuestras finanzas grandemente y ha prosperado el trabajo de nuestros forjadores. ¿Como se levantaron los fondos? Con muchos esfuerzos, vendiendo muchas frituras y pasteles. Los hermanos creyendo en la obra de Dios llenos de tenacidad abrieron camino y se lanzaron en la formación estructural y económica de nuestro concilio. Dios se proveyó de siervos esforzados que algunos dieron tierras y construyeron templos para el beneficio de la obra de Dios y el concilio. Tanto era el amor hacia el concilio y la grande labor que se realizaba que las personas se sentían comprometidas a devolverle el servicio y la lealtad, brindando la colaboración más entusiasta, para que hiciera por otros lo que hizo por nosotros.

Asamblea de Iglesia Pentecostal de Jesucristo.

Estas fotos muestran la entrega y el avance de la obra en Milwaukee y Nueva York

Época de Oro Para Nuestro Movimiento

Nombramos esta época como una de gloria pues viendo las circunstancias y las fuerzas de mal operando contra la iglesia de Jesucristo nos damos cuenta cuan poderoso fue Dios para inquietar corazones de hombres sinceros y humildes en la evangelización y levantando iglesias, escuelas teológicas y el avivamiento espiritual en aquellos días. Pasando por momentos duros, difíciles y de grandes retos y metas por cumplir, decisiones que tomar y camino por andar no se rindieron sino que perseveraron creyendo con una tenacidad insuperable con el deseo y la pasión de trabajar por la organización. Abrieron camino enseñando el pan de vida. Siendo líderes dinámicos con gran tesón. Muchos han permanecidos siendo columnas fuerte, soporte, y de gran inspiración para todos los que aun hoy por ahí andamos.

La primera iglesia fue levantada en Nueva York en 667 Broadway Brooklyn N.Y. Por la Misionera Juana Rivera, creciendo esa obra con la población de italianos, americanos y latinos. Para hacer trabajo personal se pasaba mucho trabajo, por la poca población latina. Todos los puertorriqueños que emigraban a la gran urbe venían recomendados por los pastores de Puerto Rico, esta iglesia tuvo un gran avivamiento pues acostumbraban orar en el aposento alto que tenían y era una iglesia muy avivada por el Espíritu Santo. Este avivamiento atrajo a otros ministros del área, entre ellos nuestro querido hermano Rev. Crisolo Texidor que paso a pastorear en 114 E. 108 en Manhattan, N.Y., El Hno. Francisco Santos estaba en Delancey. En estos momentos Dios toca Hno. Agustín Rivera y hno. Ramón Rivera en Chicago a evangelizar y abren obra en Chicago IL. Dios engrandeció su obra en este lugar y muestra de esto es que nuestra oficina central se encuentra en ese lugar. Ante el furor tempestuoso del comienzo ministerial, nuestro concilio supo compenetrarse en las violentas palpitaciones que agitaban su alma; guió los pasos de muchos y a la vez elevar la mirada hacia el firmamento.

Como se formaron los distritos: New York, Mediano Oeste (Ilinois, Michigan y Ohio), Chicago, California, Pennsylvania, Puerto Rico, California Norte y Sur, Florida, Texas, New England (Connecticut, Rhode Island y Massachusset), Wisconsin, observando el crecimiento y auge, Dios motiva a formarlos a partir de 5 iglesias. Cuando surge la necesidad de organizar un nuevo distrito se consideran los siguientes pasos:

1. Una petición formal por un grupo de 5 iglesias

2. Los Pastores laborarán para organizar todos los departamentos

3. La petición será presentada al Comité Ejecutivo, el cual hará un estudio de la misma y la presentará para su debida consideración

4. Cada distrito estará representado por un Presbítero.

Parte II
Distritos Conciliares

Nueva York

La gran urbe, cuna de nuestra organización, en tiempo de la recesión provocada por los eventos que rodeaban la nación provoca la emigración de cientos de puertorriqueños a la ciudad de Nueva York, allí comienza la Hna. Juana Rivera hablando y testificando a Cristo. Reuniéndose en los aposentos altos a buscar la presencia de Dios. Ese es el comienzo con visitaciones de hermanos de la Iglesia Pentecostal de Jesucristo de Puerto Rico. Hubieron incorporaciones varias en esta ciudad, por el desconocimiento, malos entendidos o

Asamblea de Iglesia Pentecostal de Jesucristo.

por la diversidad de pensamiento y liderazgo con hambre de desarrollar sus ideas y trabajo para la obra del Señor, como evidencia de esto existen las diversas incorporaciones comenzando desde 6 de Noviembre de 1947 bajo el nombre Concilio de Las Iglesias Pentecostales de Jesucristo, luego el 2 de julio de 1,952 vuelve incorporarse con otro nombre siendo todas las misma personas, bajo el nombre Concilio Pentecostal de Jesucristo, Inc. Es innegable los diversos problema que existían pues el 15 de Septiembre de 1954 los lideres sufren discrepancias y se vuelven dos mando unos bajo la dirección conciliar de Puerto Rico y otro bajo la dirección del líder Rev. Andrés Matos. Nuestro Hno. Matos hace una nueva incorporación 25 de Febrero 1954 bajo el nombre Primera Iglesia Pentecostal de Jesucristo, Inc. Los firmantes fueron Andrés Matos, Ángel Soto, Joaquín Ramos, Rafael Rodríguez, Alfonso Hernández, Ángel Mercado, y Ambrosio Rodríguez. Nuestro Instituto Bíblico Internacional comenzó desde muy temprano líderes se dieron a la tarea de educar, y levantar a otros. Bendecir y ser bendecidos. Entre algunos de ellos se encuentran Jesús Martínez, Jorge Suárez, mis. Gerónima García, José A. Burgos, Mis. Abigail Suárez, hija del presidente Matos. Para ese entonces El Rev. Antonio Acosta pastoreaba en 12 Arion Place, Brooklyn, N.Y., el Rev. Suárez pastoreaba en el 353 Bedford Avenue, Rev. Jesús Martínez en 1307 West Farm RD., Bronx, también una iglesia del 1015 Tiffany St. Bronx. , Rev. Candelario Rodríguez pastoreaba en 364 Wilson Av., Brooklyn el Rev. Jesús Irizarry pastoreaba en 654 Beck St. Bronx, N.Y., y nuestro querido y muy respetable hermano Crisolo Texidor en la 118 St. Hubo otra gama de líderes entre ellos nuestra querida hermana Paulina y Marcos Santiago, Edwin y Alicia Cortéz, Ángel y Dolores Ortíz, Isidoro Lebrón, Bienvenido Montes, G. Samuel, Rafael Santana, William y Leonor Rodríguez, Rev. Centeno y su esposa, Luis Pagán, Juan Pagán, Juana Rivera {fundadora nuestra} y otros tantos que fueron nuestra raíces y cimiento de nuestra organización. El distrito de Nueva York es actualmente dirigido por nuestro querido hermano Rev. Rogelio Encarnación pastoreando el templo Eloim, su asistente lo es Lic. Juan Carlos García, Mis. Carmen Cerda entre otros. No quiero pasar por alto un ministerio poderoso, perseverante y persistente hablo del Rev. Roberto Vázquez su esposa Hna. Carmen Vásquez que por años han servido y permanecido manteniendo en alto la bandera de A.I.P.J. muchos abandonaron la barca en medio de tempestades, otros actuaron conforme a lo que su conciencia le dictara; pero esta familia es un ejemplo a seguir, forman parte de nuestros héroes dorados. Su testimonio de superación en medio de enfermedad, en medio de tormenta y la paz que estos hermanos transmiten es evidencia de la obra del Espíritu Santo en ellos. En cierta ocasión le pregunté a esta amada pareja: ¿Por qué ellos permanecían amando hasta el final donde Dios los había puesto desde el principio? Y su respuesta fue: Sara, hay que estar en la perfecta voluntad de Dios, a veces he sentido deseos de dejarlo todo pero todavía Dios no nos ha dado la orden. Seguía diciendo el Rev. Vásquez: estuve a punto de morir Dios me devolvió la vida. Ver esta pareja hablar esto con una unción de Dios y envuelto en lágrimas sentí que me dieron una gran lección de persistencia. Recibir un abrazo y una mirada penetrante de este ministro es una de esas múltiples lecciones que te enseñan a ser **"un más que vencedor"**. Si hoy Nueva York está de pie se debe a líderes como estos. Gracias a Dios hemos comenzado a experimentar momentos de gloria y de avivamiento. El Instituto ha vuelto a florecer y Dios a levantar los suyos para toda su gloria.

Asamblea de Iglesia Pentecostal de Jesucristo.

Chicago

Para los años 50, donde muchos puertorriqueños emigraban al norte en busca de mejores condiciones de vida sigue creciendo de una manera maravillosa el evangelio y comparten el amor de Jesucristo dos grande hermanos que identificaron la cuidad de los vientos como un lugar virgen, apropiado para el comienzo de una gran obra son ellos el muy querido hermano Agustín {Tino} y Hno. Monchito Rodríguez. Ninguno de ellos se consideraba ser grandes ministros más en ellos existía una pasión de predicar a Jesucristo y de levantar obra para el Señor. Son ellos nuestros padres espirituales a ellos le siguen hombres de Dios que fueron arrancados de su tierras y movidos por el Espíritu Santo alguno de ellos lo fueron Rev. Andrés Matos de Puerto Rico, Rev. Octavio Espinosa, Rev. Manuel Marín ambos cubanos, Rev. Clotilde Medina entre otros. Que gloria tan hermosa Dios salvando y libertando tanta gente. Dios fue exaltado por estos hombres trayendo una cosecha tan grande que hoy podemos decir sin lugar a dudas que Dios a usado esta organización y nuestra gente para bendecir la cuidad de Chicago poderosamente. La mayoría de los ministros de esta ciudad han pasado por nuestras manos sean que se convirtieron en unos de estos ministerios o que estudiaran en el Instituto Bíblico Internacional. Recientemente en el mes de febrero 6, 2010 se celebro

La historia • Nuestras raíces en la plantación del Reino.

un jubileo de jóvenes "recordando el Embajador del ayer" allí estuvieron presentes Rev. Rosita Sánchez, Rev. Isaías Mercado, Rev. Osvaldo Mercado, Douglas Villacresses, David Sosa, Rev. Jacqueline Pagán, Hno. José Hernández, Exh. Israel y Marisa Avilés, Rev. Miguel Ortíz, Rev. Leonides y Cecilia Ríos, Lic. Erwin y Cindy Pacheco, Rev. Marta Ventura, Rev. Evaristo Díaz, Rev. Wilfredo Díaz Estos son solo algunos de los que podemos recordar y actualmente se encuentran ministrando en la obra del Señor.

Líderes para los años 1970 y 1980 de izquierda a derecha Rev. Eugenio Morales, Lic. Salomón Vásquez, Rev. Miguel Martínez, Rev. Octavio Espinosa, Rev. Víctor Limardo, Rev. Rosita Sánchez, Rev. Federico Feliciano, Isabelo Feliciano, Rev. Julito Castillo y Rev. Ramón Gerena.

Actualmente nuestra organización cuenta con 16 poderosas iglesias, central del Instituto Bíblico Internacional y una rama en el sur y muchos hijos espirituales al servicio de la obra. Reconocemos obreros por sus trabajos y esfuerzo por la organización, al Rev. Juan Núñez, padre espiritual de muchos, Sanford Pérez, Rev. Luis Náter, Chabelo Feliciano, Lic.

41

David Martínez, Mis. Yiya Flores, Rev. Luis Rodríguez, Rev. Otoniel Torres, Rev. Ramón Gerena y muchos más que han sido vasijas de honra para el servicio de Dios. Su presbítero en la actualidad es Rev. Francisco Piña asistiéndole la Rev. Marta Ventura, su secretario Rev. Evaristo Díaz y su tesorero Rev. Joseph Lebrón. Su actual director de educación es Lic. David Martínez y encargada del Instituto Rev. Marta Ventura. La niñez es hábilmente dirigida por los matrimonios de hno. Eliezer y Yary Mercado y Hno. Erwin y Cindy Pacheco.

Junto a Chicago están las iglesias de Michigan pastoreadas por el Rev. Héctor Rivera y la Lic. Iris Náter. También contamos con una rama de Instituto Bíblico. En Ohio tenemos otra obra pastoreada por el Rev. Manuel Padilla.

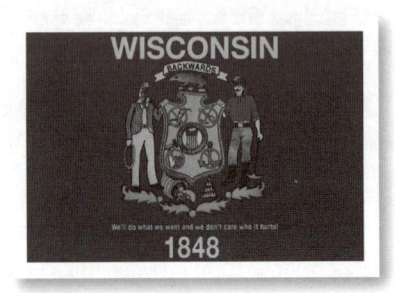

Milwaukee, Wisconsin

Cuna de grandes líderes, Rev. Clotilde Medina, Rev. Manuel Marín, Rev. Emiliano Rodríguez, Mis. Ana Avilés, Rev. Juan González, Rev. Jorge Suárez entre otros. Rev. Andrés Márquez, Concepción Acosta gran maestro de I.B.I., Hna. Alicia Malespín, José Ortíz, María Guajardo, Gilberto Márquez, Corina Gotay, Rev. Ángel Moreno {QEPD}, y otros tantos que han bendecido. La obra comienza para los años

50, bajo la administración de Rev. Andrés Matos, nuestro hermano envía a Rev. Clotilde Medina a trabajar en un salón que estaban comenzando un grupo de hermanos donde pastoreo por cuatro años luego regresa para el 1984 y pastorea nuevamente por 5 años, el Hno. Manuel Marín fue la persona visionaria para la compra del templo de la 12, el cual es la central o iglesia madre de dicho distrito. Al pasar los años Dios ha bendecido este distrito y actualmente es dirigido por Rev. Radamés Ramos, su ayudante Rev. Enrique Ortíz, Lic. Irene Torres, Exh. Israel Avilés y Rev. William Gotay. Dicho distrito cuenta con Siete iglesias, directivas organizadas trabajando en el desarrollo de campamentos de caballeros, damas, participando activamente con líderes organizadores en la parada del niño cristiano en la cual nuestra Ana Avilés fue pionera y cofundadora.

Nuestro concilio es uno de presencia activa en la comunidad y muy respetado. Dicho distrito cuenta con siete ministros ordenados, cinco licenciados, cuatro exhortadores y nueve misioneras activas. Cuenta también con un hermoso departamento misionero dirigido sabiamente por Exh. Jesús Aranda con la ayuda de las misioneras María Mercedes Vázquez y la miss. Aidhe Aranda. No puedo pasar por alto la bendición que ha sido tener a Mis. Marisa Avilés dirigiendo el departamento de educación muy hábilmente experimentando un crecimiento en la participación estudiantil. La Niñez dirigida por hna. Elizabeth Diez, Marta y Karina Ceballos, María Hernández, Kassandra Pérez entre otras muy buenas lideres. Las Mensajeras del Señor son dirigidas por la hna. Ruthy Santiago y un gran equipo de hermanas entre ellas hna. Jeannette Ramírez, Nancy Centeno, Corina Gotay, Evelyn Ortíz, Marilyn Pellot y la Lic. Ana Avilés. Los Heraldos de Cristo están siendo dirigidos por el Exh. Morelly

Santiago, hno. Simón Caballo, José R Vázquez, Joshua y Joel Villa fuente, Florentino Villa, Jesús Aranda y Rev. Enrique Ortíz. Hay hermanos que Dios les ha quemado el corazón para continuar la labor que otros comenzaron y que hoy nos toca hacer lo mismo con una generación un poco más compleja no obstante se sigue buscando otros que amen a Dios y su obra.

California

Dios en su misericordia inquieta a hno. Ramón Rodríguez a viajar al Sur de California allí comienza a predicar la palabra de arrepentimiento tal como lo hiciera el profeta Jonás en su tiempo, ganándose a Hno. Felipe Lugo {padre}, allí comienza el desarrollo de la obra. En este comienzo llega el Rev. Ramón Hernández y su esposa bendiciendo Dios su trabajo. Levantándose otros líderes y congregaciones. En el Norte Rev. Jorge Ortíz, Mis Noemí Robles, Hno. Tony Ramos, Rev. Mariano Torres entre otros. California ha sido bien bendecida por los ministerios de estos hombres esforzados, ellos dando el todo por el todo se dieron a la obra del Señor. Podría mencionar tantas personas que pasaron por estos ministerios y nuestra aula de Instituto Bíblico preparándose para bendecir la obra de Dios. Alguno de ellos que podemos mencionar son los pastores o líderes Noé Flores, Manuel Guzmán, Víctor Narváez, Ana Lucha, Suyapa Sarmiento, Jeremías Sánchez, Rudy López, Luis Miranda, Eluit Herrera, Elmer Soto estos y muchos más han sido bendecido por nuestra gran organización. Este distrito ha sido honrado con muy buenos predicadores, evangelista, lideres distritales e internacionales que han bendecido la organización grandemente. Entre los recuerdos y datos históricos encontrados podemos resaltar el ministerio de Rev. Mariano Torres que en medio de ataque despiadados y severos no se rindió, más bien continuo creyéndole a Dios y allí se mantuvo siendo uno de los ministros más respetado y reconocido. Fue un aferro defensor del campo misionero y actualmente es nuestro tesorero internacional conciliar. Hoy el distrito de California esta fortalecido ciertamente se ha cumplido la palabra de Dios cuando le dijo al profeta Isaías: Jehová consolará todas sus soledades, y cambiará su desierto en paraíso, y su soledad en huerto de Jehová; se hallará en ella alegría, gozo, alabanza y voces de canto.

El distrito es dirigido actualmente por Rev. Héctor Hernández, Ellis Rivera Y Zacarías García. Las misiones son atendidas por la Rev. Lucy Díaz, y el departamento de educación por La hna. Aracelis Benítez. Las diversas asociaciones están organizadas y dirigidas por Graciela Marín {Damas}, Juan Benítez {Caballeros}, Cesar Marín, {Jóvenes}. En la actualidad las iglesias se encuentran en una floreciente nueva cosecha de almas y liderazgo se vislumbra venir del remanente que quedó y otras iglesias son añadidas.

Asamblea de Iglesia Pentecostal de Jesucristo.

Hoy este Distrito luce firme, fresco, con nueva visión, con un pueblo uniendo sus fuerzas hasta lograr sus objetivos. Al pasar los años y cuando han sido más difíciles los momentos, todavía sigue el avivamiento de Pentecostés en este Distrito. California es uno de los distritos que une las diversas razas. Hoy esta obra marcha victoriosa como aquellos tres jóvenes hebreos dispuestos a enfrentar el horno de fuego hasta morir antes de doblegarse a la estatua de Nabuconodosor. Así continúa la buena obra de Jehová en este distrito.

Líderes que comenzaron la obra en California de izquierda a derecha Hna. Enid y Ramón Rodríguez y al extremo de la derecha el Rev. Ramón Hernández.

Pennsylvania

Cuenta la historia que para el año 1966 el Rev. Isidoro y la hna. Hilda Sáez comenzaron la obra en Lancaster Pennsylvania, luego pastorearon Hermano José y María Salgado solo por un breve tiempo. En medio de situaciones adversas la iglesia se mantuvo allí bajo el pastorado del Rev. Jesús Martínez. Más siendo hermano Evaristo Rivera co-pastor queda al cuidado de la iglesia por un breve tiempo. Dios envía refrigerio a través del ministerio del Rev. Salvador Martell además trajo crecimiento, desarrollo y una visitación especial del Espíritu Santo quedando así esta congregación en una estabilidad espiritual y material. Luego entro el Rev. Emiliano Rodríguez y su familia, siendo un pastor fogoso y muy dado a trabajar con la juventud. Dios continuó bendiciendo la iglesia en grande manera más el concilio necesitando de este ministro en otro lugar

Asamblea de Iglesia Pentecostal de Jesucristo.

lo traslada e instalan al Rev. Ángel Lebrón. Viendo la necesidad de preparar obreros para comenzar con la evangelización de Pennsylvania se abre el Instituto Bíblico Internacional bajo la administración del Rev. Martínez., los primeros graduados fueron Hermano Héctor Ramos, Elena Bermúdez, entre otros hermanos que hoy están pastoreando o enseñando en sus respectivas congregaciones. Esta iglesia bajo el pastorado de Rev. Martínez, logra comprar el edificio que sería su templo inaugurándolo más adelante. Quiero hacer constar que bajo la administración de Rev. Lebrón es remodelado y re-inaugurado. Dios ha bendecido a esta iglesia con hijas y obreros siendo la primera iglesia en salir de ella York Spring y fue comenzada por Rev. Héctor Y Lourdes Ramos en el 1978. El hermano Ramos es nuestro secretario conciliar actual. Extendiendo las raíces en la plantación del reino Dios lleva a Rev. Luís y su esposa Elena Bermúdez a la cuidad de Allentown. Ya Dios iba fortaleciendo esta área de trabajo pues la obra de A.I.P.J. estaba en los estados vecinos como Nueva York, Connecticut, ellos confraternizaban entre sí haciéndose cada día más fuerte, la obra se expande hacia Harrisburg allí el hermano Negrón comienza en una obra abnegada y de mucho sacrificio. Los hermanos William y Leonor Rodríguez son los pastores actuales de esta obra. En la cuidad de Winchester Dios envía un humilde varón llamado Modesto y Nora Hilda Cruz. Actualmente esta obra está siendo pastoreada por el hermano Juan Pablo y Sandra Cruz, en el Lebano de Pennsylvania. El Rev. Ángel y su esposa Madeline Rosado levanta obra a Dios, este varón puertorriqueño actualmente está levantando obra en Adjuntas, Puerto Rico. La congregación está siendo pastoreada por el Rev. Benjamín y Yvonne Negrón un joven dinámico en las manos del Señor. Expandiéndose las raíces, Dios llama a una valerosa mujer la Rev. Emerita y Fidencio Perales y su familia a la comunidad de Columbia y allí abren obra y actualmente tienen un hermoso templo para la gloria de Dios. Siguiendo El llamando escoge al Rev. Víctor y Maritza Colón a levantar obra en Reading. Hay otra obra en Reading comenzando a paso firme levantada por Rev. Isaías y Gloria López. El hermano Ramón y Austria Rivera son hijos espirituales de la iglesia de Harrisburg y ellos salen hacia York y abren obra, esta congregación fue pastoreada por El Rev. José y Margie Nieves actualmente la dirige Rev. Eufemia Soto.

Como dato importante las mayorías de las iglesias tienen templos propios, y este distrito se caracteriza por el buen orden administrativo de trabajar, se encuentra en vías de expansión y actualmente es dirigido por la Rev. Emerita Perales como Presbítero, el Rev. José Nieves como asistente a presbítero y siendo secretario La Lcda. Leonor Rodríguez y la tesorera la Lcda. Carmen Sáez. El director de educación de este distrito es Lcda. Marisol Irizarry, y el director de misiones la misionera Hermana Sara Lebrón.

Asamblea de Iglesia Pentecostal de Jesucristo.

Puerto Rico

La historia se remonta para el año 1966. Estando el Rev. Crisolo Texidor en la ciudad de Nueva York recibió la noticia que en el sector Combate, de la comunidad Miss Kelly de Vega Baja los adventista iban a vender una propiedad de un templo. El Rev. Texidor va Puerto Rico y la compra e envía un obrero a pastorearla. El primer supervisor enviado desde Nueva York lo fue Rev. Teófilo García. El verificaba como iban los asuntos y reportaba como iba la obra.

En el año 1968 celebran la magna conferencia anual en los días 4-6 de enero de dicho año. La directiva oficial de Puerto Rico se componía de la siguiente forma presidente de Puerto Rico Rev. Jesús Figueroa, Lic. Juan Jorge Castro como secretario y Rev. Raúl Rivera como tesorero. El Sindico Rev. Carlos Lebrón. Entre algunos de los presentes lo fueron Rev. Andrés Guerrero, pastor en Villa Palmera, Isaac García, pastor en Nueva York, Rev. Jorge Suárez, Rev. José Luis Troche, Rev. Andrés Matos. Pedro Arroyo, L Hermano José A. Burgos, Hermano Paulino Monclova y otros más. Aunque en ese

La historia • Nuestras raíces en la plantación del Reino.

comienzo aparece el Rev. Lebrón como sindico la historia nos dice que él nunca fue un miembro comprometido con nuestra organización sino solo un colaborador pues siempre estuvo ligado al concilio Iglesia Pentecostal de Jesucristo de Puerto Rico.

Los oficiales de Estados Unidos para aquel entonces eran: Rev. Andrés Matos, hermano Crisolo Texidor, Clotilde Medina, el hermano Francisco Rodríguez, hermano José Luis Troche, hermano Vicente Padín y nuestro querido hermano Octavio Espinosa.

Uno de los temas a explicar que aparece en el programa era: Nuestra comunión espiritual de nuestro trabajo entre Estados Unidos y Puerto Rico por el Rev. Crisolo Texidor, presbítero de Nueva York. Dándonos a entender que la organización se encontraba dando sus primeros pasos propios y se promovía la unidad con las iglesias hermanas el Concilio naciente en New York. Otro tema era la Ética Ministerial presentado por el Rev. Raúl Rivera y el Ministerio del Espíritu Santo por el hermano Espinosa. Dicho programa fue preparado en la imprenta Junqueña en Puerto Rico.

Dios pronto comenzó a bendecir la obra y a unir a otras obras nuevas como lo fue el templo de la calle fajardo que fue inaugurado en el año 1968 y pastorado mas adelante por el Rev. Paulino y Silvia Monclova. De esta manera, comienza unas décadas de trabajos, de nuevas obras, de apertura de instituto bíblico. Para afrontar el crecimiento en nuestra isla Dios envía del exterior una serie de obreros con genuinos llamados e interés de trabajar por la obra del Señor, donde él los necesitara. Se unió al trabajo el Rev. Mariano Santana y se comienza a abrir otra nueva obra en Vega Baja, que abre paso a otra en Morovis. Las raíces se siguen expandiendo a través del hermano Jorge Sánchez impactando a los pueblos de Loíza y Río Grande. Dios uso al Rev. Navarro para cuidar de la iglesia de Loíza y actualmente es pastoreada por Rev. Pablo Caraballo y Mis. Wanda Sánchez. La congregación de Río Grande es dirigida por nuestra querida hermana misionera Lidia Sánchez. En los años 70 Dios pone una inquietud, especial en el corazón del Rev. Luis Samuel de abrir un centro de estudio para la capacitación de nuestros obreros y es ahí con la ayuda de Dios se abre el instituto bíblico internacional en Puerto Rico.

En ese tiempo acababa de llegar de Estados Unidos a la isla el Hno. Otoniel Torres, quien rápidamente se comunicó con el Rev. Clotilde Medina, quien fungía como Vice-Presidente del concilio. A continuación analizaron como abrir una rama del Instituto en el área norte de Puerto Rico. Al ponerse de acuerdo con el Rev. William Texidor logran el propósito en Vega Baja.

Siempre recordaremos al Rev. Víctor Clemente quien fuera pastor en la calle Progreso y un gran precursor y promotor del Instituto Bíblico Internacional. Esta iglesia es pastoreada actualmente por el Rev. Isaías García.

Así sigue Dios bendiciendo la obra ya con presencia en Patillas, Gurabo, y otros pueblos. Para los años 80 el Rev. Luis Náter comienza a abrir obra en barrio Arenalejos de Arecibo Dios lo prospero grandemente en su ministerio y en su liderazgo. Permitiendo que esta iglesia pariera otra más en el pueblo de Lares bajo la dirección del Rev. Amelio González. Dios inquieta a nuestra muy amada Hermana misionera Noemí Robles a viajar desde California hacia Puerto Rico y levantar obra en Canóvanas. Ya para el año dos mil Dios trae desde Pennsylvania al hermano Ángel Rosado al pueblo del "gigante dormido", Adjuntas y comienza una preciosa iglesia que está muy florecida y bendecida por el Señor.

Actualmente Puerto Rico cuenta con seis ramas de Instituto Bíblico Internacional y bajo la administración del Rev. Porfirio Nazario Dios le permite abrir una escuela de Capellanía, la cual ha rendido fruto en los hospitales, cárceles y comunidades adyacente a nuestras iglesias.

Puerto Rico celebra su pre-convención con sus respectivas directivas individualmente. Todos sus líderes son hombres y mujeres con testimonios y comprometidos con la obra de Dios y con la organización. Actualmente se celebra campamento de veranos para la juventud, damas y la niñez. Sus líderes actuales en el distrito son Rev. Porfirio Nazario {Presbítero} Rev. Ángel Rosado {Asistente}, Rev. Delfín Díaz {Secretario}, Rev. Salvador Martell {tesorero}. El líder misionero Rev. Pablo Caraballo, y el líder de educación el Lic. Richard Núñez de Asa. El presidente de los Heraldos de Cristo lo es el Hno. Heriberto Pérez y su esposa la hna. Juliana Valentín dirige la Asociación de Damas Mensajeras del Señor. Los jóvenes Embajadores del Rey son dirigidos hábilmente por los diversos jóvenes dinámicos dispuestos a correr la milla extra.

Nuestro distrito cuenta con servidores de Dios y de la organización que se han esmerado por más de veinticinco años de servicios entre ellos podemos mencionar al Rev. Paulino Monclova, Rev. Ángel Ortíz, Rev. Salvador Martell, Rev. Bartolomé Pabón, Misionera Dolores Ortíz, Mis. Zoraida Pabón, Rev. Juan y Iraida Avilés, Rev. Félix y Benny Cabrera. Y una segunda generación de servidores de Dios y para la organización: como Mis. Wanda Sánchez, Rev. Ángel Pabón y la Lcda. Sara Pabón. A Dios sea la gloria. En el año 2009 este distrito recibió a las huestes de A.I.P.J. para celebrar su

Asamblea de Iglesia Pentecostal de Jesucristo.

magna convención Internacional. Esta estuvo muy bendecida y el lema de dicha actividad era "Volviendo a nuestras raíces", fue una llena de recuerdos, nostalgias y reconocimientos a los hermanos de más tiempo en la organización, nos acompañaron los ministros Rev. Jorge Sánchez y su esposa Mis. Lidia Sánchez, Rev. Ángel y Dolores Ortíz, Rev. Jorge y Abigail Suárez, Rev. Jorge y Goyita Castro, Rev. Juan y Iraida Avilés, Rev. Otoniel Torres, Rev. Pablo Monclova, Rev. Félix y Beny Cabrera y otros tantos más de nuestros héroes. La directiva internacional aprobó por acuerdo ejecutivo dedicar esta convención a los "Héroes Dorados", aquellos que tenían más de veinticinco años de servicios y sus credenciales estos fue glorioso y de ánimo frescos para aquellos que han sembrado con lagrimas y se han mantenido al pasar de los años. A cada héroe dorado se le entrego una insignia [pin] preparada exclusivamente para ellos, una artesanía puertorriqueña y una estola que lo clasificaba como nuestra gente especial.

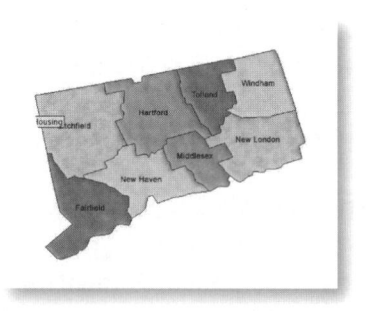

New England

Siendo una tarde calurosa de 1973 en la ciudad de Nueva York estando en reunión de obreros en el templo de la 118 Nueva York nuestro querido hermano Juan Jorge Castro que recién había llegado de la isla de Puerto Rico con intenciones de establecerse en California buscando mejor calidad de vida para su familia, así pensaba él, mas allí hubo un reclamo de la misionera Gladys Álvarez: "de pasen a Macedonia y ayúdennos". Sintiendo un vivo llamado de Dios y apoyado por el entonces presbítero hermano. Tony Colón el hermano Castro visito la cuidad de Bridgeport, Connecticut.

Permaneciendo en ese lugar por espacio de veintinueve años y realizando un trabajo inmenso en la obra del Señor junto a su muy querida y amada esposa la misionera hermana. Goyita y sus siete hijos. Para el 8 de diciembre 1973 se inauguró la primera iglesia en 220 de Kressen Avenue, como dato curioso la hermana. Goyita no pudo estar en dicha inauguración por estar de parto en el hospital. Esta iglesia siempre recordara el tren pues cuando pasaba había que detener el culto por el ruido. El crecimiento de esta obra fue tan grande que tuvieron que mudarse al 749 Ogden St de Bridgeport siendo inaugurado. El 4 de abril 1975 estando presentes Rev. Jorge Suárez, Hermano. Bienvenido Delgado y otros obreros de Nueva York.

La primera pareja que casaron fueron los hermanos Ramón y Juana Reillo. De los hermanos que comenzaron podemos recordar a la hermana. Constanza Marrero y sus dos hijas y la joven Jossie Quiles. Para el año 1977 Dios bendijo a esta congregación con la compra de un edificio en 500 de Hallett. Esforzándose la hermana. Goyita y otros hermanos con la venta de pasteles, alcapurrias y ofrendas de amor así lograron pagar el edificio.

Teniendo en su corazón el ardiente deseo de extender el sitio de su cabaña Dios inquieta al hermano Castro a sostener la iglesia de la 447 de Gregory que pagaba $350.00

mensuales, allí instalaron a hermano. Mario Díaz Cabezudo. EL hermano Miguel Ramos y su esposa María también pastorearon esta obra. De ahí extendiendo las raíces en la plantación del reino Dios los llevo a Nueva Haven en la West avenue esta obra pasaron varios obreros pero no permanecieron. Dios en su misericordia para el año 1983 envía a una joven de la iglesia madre siendo instalada a prueba y quedando ahí hasta la actualidad. . Hablamos de la Rev. Nancy Ramos. Nuestra hermana Nancy actualmente es la presbítero de este hermoso distrito. Esta congregación paso por periodos de mudanzas aproximadamente siete veces. Dios los prospero con un hermoso templo en 855 de Grand Avenue. También bendiciéndole con la presencia del Espíritu Santo. Dios le abre puerta en Hartford en la Park Ave. Comenzando el hermano. José y Josie Reyes, esta obra actualmente está siendo pastoreada por la Hna. Virginia y Víctor Cruz. Este templo está situado actualmente en el 1001 de Albani Ave. , Hartford Conn. La obra siguió marchando hasta llegar a Nueva Brittan y en sus comienzos fue pastoreada por la Mis. Aída Cardona entre otros pastores. Esta obra ha sido bendecida con la presencia y esfuerzo de la misionera hna. Dominga Méndez a pesar de las luchas y batallas Dios ha permitido que esta iglesia este de pies y firme. El pastor de esta obra es Lic. Yamil y María Estrada el cual realiza un excelente y esforzado trabajo. Luego se abrió otra obra en Providence, Rhode Island a través de los hermanos José y Carmen Cos, Bajo la administración de Rev. Fonseca se compro el templo que actualmente es pastoreado por Rev. Francisco Picón quien fue presbítero en el año 2000-06 Bajo el presbiterio de Rev. Picón se unieron a nuestra organización las iglesias Oasis De Bendición pastoreada por Rev. Orlando Feliz y la iglesia Puerta Estrecha de la Lcda. Olga y José Quiñónes en Fall River, Mass.

No podemos olvidar a la muy querida Mis. Nélida Otero en Nueva Haven quien Dios la ha bendecido con una congregación muy hermosa llamada Luz en medio de las Tinieblas. Dios bendiciendo este distrito grandemente permite a la Rev. Nancy Ramos presidir el presbiterio y añadir dos nuevas obras, Arca y Refugio restaurando la familia de la Lcda. Elisama y Víctor Ortíz y la congregación El Shadai que está comenzando en New Brittan y siendo dirigida por El Lic. Efraín y Zaida Meléndez. Este distrito ha tenido tres presbíteros comenzando por el Rev. Juan Jorge Castro. Al el hermano Castro salir del trabajo pastoral comenzó en su lugar el Lic. Jorge Cruz en el templo Oasis de Paz en Bridgeport. Le sigue en el trabajo presbiteral el Rev. Francisco Picón y en la actualidad Lo dirige la Rev. Nancy Ramos y el distrito van en crecimiento y vías de expansión de sus raíces para la plantación de, reino.

Como mención especial quiero recordarle que el Rev. Oscar Martínez el precursor de la obra en El Salvador es producto del ministerio de la hermana Nancy Ramos. Connecticut se formo distrito en el año 1980 aproximadamente, independizándose de Nueva York. Se han celebrado tres convenciones internacionales. Tiene tres ramas de instituto. Este distrito tiene mucho ánimo para trabajar y seguir en la marcha.

Asamblea de Iglesia Pentecostal de Jesucristo.

Sentados el Rev. Juan Jorge y Goyita Castro, los fundadores Del distrito de Connecticut.

Florida

Siendo los finales de la década del 70 y principio de los 80 hermanos muy queridos como lo fue, el Rev. Manuel Marín, Rev. Clotilde Medina emprendió la obra en Florida, esforzándose en abrir campos nuevos y promoviendo el crecimiento organizacional se abrió paso a un nuevo comienzo. Podríamos describirlo como un tiempo de incertidumbres, experimentación, de luchas, de dificultades, pero que a su tiempo rindieron frutos. A fines de 1981 el Rev. Crisolo Texidor solicita a Rev. Medina para la obra en Milwaukee y trasladan al Rev. Salvador Martell hacia Tampa, En la 4444 Nebraska nuestro hermano pastoreo por 2 años y la obra por circunstancias ajenas no permaneció.

Para el año 1970 llega a Orlando Florida los hermanos Confesor y Natividad Rodríguez procedente de Chicago comenzando la obra en la calle Franklin de Ocoee de allí se movieron a la 526 Main St y allí para el año 1988 el hermano Clotilde Medina instalo a Rev. Antonio Ortíz como pastor y no por mucho tiempo pues 1989 instala al Rev. Gabino Quiñones. Dios bendiciendo el ministerio de nuestro hermano lo nombra presbítero al año de estar trabajando. Inmediatamente se comenzó el Instituto Bíblico Internacional esa primera clase fue de cinco estudiantes y fueron graduados, hoy están pastoreando. Otros son maestros y lideres en sus respectivas iglesias. Todos los esfuerzos y formaciones tienen forjadores y visionarios. En este Distrito fue Diana Quiñones quien no tuvo reparos en viajar distancias enormes para preparar líderes. Nuestra organización está firme porque ella lo encaminó en lo rieles de la educación, encomiamos tan grande labor.

De ahí pasamos a reconocer una pequeña obra que estaba siendo fundada por un obrero llamado José Martínez y nuestra misionera Elsa de Jesús en Moon Lake , New Port Richie , diversos obreros pasaron por ahí, luego de muchas batallas Dios ha bendecido a esta iglesia bajo el ministerio del Rev. Ángel Luís quien es el actual pastor.

Asamblea de Iglesia Pentecostal de Jesucristo.

Dios inquieta el corazón de hermano Pedro Torres a abrir obra y comenzó con dos hermanos en la 54 Avenue en Saint Petersburg allí comenzaron el Instituto Bíblico Internacional preparando obreros. Es ahí donde se forman los primeros obreros y líderes de la obra. Este varón de Dios levanta otra obra En Clear Water y fue pastoreada por la Misionera Elsa de Jesús. Para el año 91-92 el Rev. Antonio Ortíz abre otra obra en Lake Worth Florida en pocos meses pasa a pastorearla el Rev. Misael Cortéz.

Para el año 1998 aproximadamente el Rev. Clotilde Medina incansable varón y esforzado comienza a levantar una obra en la calle Florida de Tampa, siendo este su ultimo pastorado y proseguido por el Lic. Adán Reyes. También fundo el Instituto Bíblico Internacional en dicho lugar hoy la obra está en proceso de comprar templo. Dios ha bendecido este distrito que muchos han catalogado como el lugar de retiro y descanso, allí está la iglesia de Cristo victoriosa y esforzándose en medio de una comunidad latina y americana. No podemos ignorar uno de nuestros grandes lideres el Rev. Octavio Espinosa que sus últimos años de vida los pasó en Miami, allí estuvo levantando obra para el Señor. Allá para el año 1996 se celebraba la convención en Boca Ratón, Florida y un grupo de hermanos entre ellos hno. Danny Gerena, hno. Evaristo Díaz, hno. Luis A. Nieves y hna. Sara Pabón se dan la tarea de buscarlo. Su condición ya era bastante delicada, ya su paso era lento, ya no se podía escuchar aquellas fogosas predicaciones y enseñanzas que nos había acostumbrado. Su hablar era lento mas sus palabras eran con luz y penetrante al alma. Escribo hoy amado lector y le puedo recordar como la primera vez; fue mi pastor cuando fui una niña de 7 años. Así que había pasado un buen tiempo sin verle al entrar en su hogar y le digo: hno. Espinosa yo soy la hija del hno. Pabón, él con su acento cubano que nunca perdió rápidamente me contesta: Sarita, ¿cómo está mi niña? Allí nos abrazábamos después de tantos años sin vernos. Y en ese momento los hermanos todos le convencimos de que participara de la convención conciliar aunque fuese la última vez. Con mucha dificultad pero con una mente muy clara así como el apóstol Juan, nuestro querido hno. Espinosa da su último consejo espiritual en una asamblea. Puedo recordar su ronca voz y a su vez llena de autoridad decir: "Hijitos si vivís en el Espíritu andad en el Espíritu. Sus palabras retumbaron nuestros corazones. Digo yo: Nuestro hermano Andrés Matos como arquitecto puso el fundamento en la educación más el hno. Octavio lo reconocemos como el padre de la educación cristiana de nuestro concilio. Seis meses más adelante nuestro hermano parte a morar con el Señor. Nuestros corazones se llenaron de luto y tristeza mas damos gracias a Dios que conociendo los tiempos y sabiendo que lo iba a llamar a su presencia nos concedió tenerlo aunque por breve tiempo en nuestra convención y escuchar su ultima exhortación. En el pasar de los años hay otros hermanos que trabajaron bajo la bandera de nuestro concilio pero por diversas razones se han desligado más su obra continua. La obra del Señor permanece para siempre, dándonos a entender que lo que de Él permanece para siempre. Hay que reconocer que mantener la obra del señor no ha sido cosa fácil mas nunca se nos fue dicho que el reino de Jesucristo seria para personas de pocas luchas sino a través de muchas aflicciones y sacrificios.

Queremos hace constar que para lograr el mover de la obra de Dios se ha tenido que correr grandes distancias y luchar contra el mismo infierno. Actualmente la Florida cuenta con cinco iglesias y cinco ramas de instituto y con grandes proyecciones de abrir nuevas obras.

Asamblea de Iglesia Pentecostal de Jesucristo.

Los líderes actuales del distrito son Rev. Diana Quiñones como presbítero y como asistente Rev. Ángel Luis Espinosa, como secretario Lic. Samuel Pérez, y siendo el tesorero actual Rev. Jorge Suárez.

Texas

Hacia finales del 2008, nuestro hermano presidente Wilfredo Díaz recibe una llamada de Rev. Antonia Toñita Guzmán de unas amistades misionera que iban abrir una obra y solicitaban la cobertura conciliar. En medio de agendas apretadas nuestro presidente prepara una comitiva de líderes para reconocer el lugar, la obra y a los líderes de la naciente y floreciente iglesia. En Enero de 2009 viajan algunos líderes entre ellos estuvieron presente Rev. Wilfredo Díaz, Rev. Héctor Ramos, Rev. Diana Quiñones, Lic. Sara Pabón, Lic. William Quiñones. Todos unidos luego de orar y Dios confirmar el mover de obra en dicho lugar comenzaron instruir al liderazgo. Podemos recordar ese primer mensaje bajo el tema: Y eso que trastornan el mundo entero también han venido acá. Dios se glorifico y aprobó con su presencia dicho comienzo. Ese año se abrieron las facilidades del Instituto bajo la administración del la Mis. Carmen Delia Alvarado, este trabajo ya rindió frutos pues en Agosto 27,2010 se celebró la primera graduación del Instituto Bíblico Internacional de A.I.P.J. La obra comenzó a crecer rápidamente a través del sistema de células. La pastora Mis. Débora Concepción ha sido un instrumento de bendición, una mujer de mucho aplomo para el trabajo en Texas. El 28 de agosto del 2010 se celebró el primer bautismo; siendo esta actividad visitada por el derramamiento del Espíritu Santo y en una hermandad y coinonía suprema. Esta actividad fue respaldada por el director misionero Rev. Evaristo Díaz, Rev. Diana Quiñones, directora de damas y la Lic. Sara Pabón directora de educación.

Nuestra organización logró el 2 Enero 2009 la incorporación en el Estado. Oficialmente participaron de nuestra convención general en Puerto Rico. Auguramos un éxito total para dicho territorio y mucha pasión por la obra misionero pues esta congregación tienes muchos hermanos centroamericanos y vemos la expansión a otros estados del sur de los Estados Unidos.

Asamblea de Iglesia Pentecostal de Jesucristo.

Primera graduación en San Antonio, Texas. Bajo el lema: "Mas que vencedoras" De izquierda a derecha: Rvda. Diana Quiñones, Lic. Sara Pabón, Mis. Aurea Alvarado, Pastora Deborah Concepción, Mis. Carmen Delia Alvarado, Rev. Evaristo Díaz

Parte III
Misiones – Campos Foráneos

En la diversidad de pueblos, ellos convirtiéndose a Cristo y recibiendo el llamado a volver a su tierra o de ayudarlo, dando inicio a las Misiones Foráneas

México

Se constituyó la primera misión. Incorporada el 12 de Julio de 1993. Sus comienzos tienen grandes héroes que se dedicaron en cuerpo alma y Espíritu, queriendo ver un pueblo tan maravilloso dado a Dios. Son sus padres espirituales Rev. Eugenio Morales y su amada esposa Juanita Morales, Rev. Saúl González gran siervo incansable por México. Algunos de sus líderes lo fueron la misionera Connie y Vidal Garay.

Asamblea de Iglesia Pentecostal de Jesucristo.

Bajo la supervisión misionera del Rev. Díaz y Rev. González se abrió la primera rama de instituto en Tijuana. Actualmente la misionera radicada en California Rev. Raquel González es la supervisora. Esta hermana valiente y guerrera tomo las riendas de la obra cuando parecía que no se podía y bajo su administración junto al departamento misionero conciliar dicho distrito ha vuelto a renacer, brillando por luz propia con ansias de ganarse a todo México para Cristo, respaldando la obra, educando, dando de comer, construyendo templos esforzándose fuertemente. Este campo foráneo ha sido respaldado por todos. Actualmente bajo la administración presidencial del Rev. Wilfredo Díaz se comienza a celebrar las convenciones Mexicanas y han sido de gran bendición, muy concurridas y coloridas. En ella también se celebran las graduaciones del Instituto Bíblico Internacional. Bajo la administración del Rev. Evaristo Díaz y las misiones han reconocidos obras en Cuerna Vaca administrada por la Lic. Yolanda Romero.

En Oaxaca, Dios nos ha bendecido con una prospera obra y con buenos ministerios de enseñanza en dicha nación usando al hno. Leopoldo Arce, hno. Espinosa, hno. Raymundo Ocampo Nava, siervos dados con mucha devoción, entusiasmo e ímpetu para el servicio de la enseñanza en la obra del Señor Jesucristo.

De izquierda a derecha: Rev. Leopoldo Arce, Raymundo Ocampo, Pastor Nicolás Martínez, Rev. Jorge Espinosa

La historia • Nuestras raíces en la plantación del Reino.

República Dominicana

Desde un principio nuestra organización a tratado de mantener lazos de unión y de trabajo eclesiástico, la emigración a Estados Unidos y hacia Puerto Rico los hacía candidato fuerte para el avance de la obra del Señor. De algunos que comenzaron a ser contactos fue el hno. Fernando Langer, actualmente en Nueva York entre otros. Nuestra organización desde sus comienzos tuvo contactos con la República y sus lazos han permanecido fuertes y saludables desde la administración del Rev. Crisolo Texidor y Rev. Clotilde Medina.

En el año 1975, unos hermanos iniciaron la evangelización en el barrio denominado Hoyo de Chulín. Los hermanos Gomera, Benacio Caro, y algunos hermanos mas tuvieron la visión de que en ese lugar existía la posibilidad de levantar una iglesia para adorar a Dios. Por lo que continuaron con gran entusiasmo y fervor la evangelización. Varias personas aceptaron el mensaje y se convirtieron a Cristo.

Cuando los hermanos vieron el gran resultado de la evangelización en ese lugar, se decidieron a alquilar una casita

Asamblea de Iglesia Pentecostal de Jesucristo.

para reunir los nuevos creyentes que se habían convertido a Cristo, para seguirlos instruyendo en los caminos del Señor. Luego llego al referido lugar el hermano Virgilio Almonte Polanco, quien se unió al hermano Gomera y los demás con la finalidad de ayudar y contribuir en el trabajo de alcanzar las almas para Cristo. Más tarde, el hermano Gomera decidió abandonar el lugar dejando al hermano Virgilio Polanco encargado de la pequeña obra que ya se había levantado.

El hermano Polanco con mucho entusiasmo busco la ayuda de otros hermanos de diferentes iglesias del sector de Cristo Rey, quienes se dispusieron de su Buena voluntad dando su apoyo y colaboración para el desarrollo de esta obra. Algunos de los hermanos que pusieron su grano de arena para ayudar al hermano Polanco al inicio de esta obra fueron: Benacio Caro, María Virgen, Cecilia Vargas, Nicolás García, José Rojas Mieses, Nicolás Rivera, Eladia Reyes, Cristóbal Manzueta, Cruz Amelia Rodríguez, entre otros.

En el año 1976 el hermano Polanco conoció al Rvdo. Jonathan Lois Victoria que en ese mismo año se había retirado de la iglesia Cruzada Evangelística Misionera Mundial, la cual pastoreo durante siete (7) años. El hermano Polanco invito al Rvdo. Jonathan Victoria para que le prestara su ayuda ya que solo tenía el vivo celo de trabajar en la obra del Señor, pero tenía poca experiencia en el pastorado.

Al principio el hermano Jonathan no quiso aceptar la invitación, porque no quería volver al pastorado, pero una cosa piensa el hombre y otra cosa determina Dios. Jesús dijo a Pedro: Cuando eras más joven te ceñías e ibas donde querías, mas cuando ya seas viejos extenderás tu mano y te ceñirá otro y te llevara donde no quieras. Al ver la inquietud e insistencia del hermano Polanco, el Rvdo. Jonathan Victoria decidió visitar la iglesia bajo esta condición; "Yo voy a visitar, pero sin compromiso alguno". Se inicio la visita, una noche Dios uso un hermano procedente de la iglesia de Dios en Cristo la Senda que pastorea la misionera América Rodríguez llamado Ramón Vilorio el cual hablo en profecía y dijo: Dios no quiere al hermano Virgilio Polanco en el pastorado ya que su llamado es levantar iglesias pero no pastorear, y Dios ha traído la persona que pastoreara esta iglesia. En seguida señalo al Rvdo. Jonathan Victoria llamándolo al frente; todos los hermanos de la congregación aceptaron de parte de Dios el mensaje. También el hermano Polanco aprobó el mensaje con gran satisfacción. Entonces el Rvdo. Jonathan L. Victoria atendiendo el llamado de Dios y la decisión de todos los hermanos reunidos. Expresa lo siguiente: "Yo no he venido aquí con el propósito de pastorear, Dios me es testigo Virgilio lo sabe muy bien, por varias ocasiones he sido invitado a este lugar y no había venido evadiendo esta responsabilidad, pero ¿quién soy yo para resistir a la voz de Dios o a su llamado? Si es que me necesitan en este lugar, aquí estoy para hacer su voluntad. A partir de ese momento el Rvdo. Jonathan Victoria comenzó a pastorear esta iglesia en la cual ha tenido muchas experiencias.

Estando en la calle Respaldo 35 del barrio Las Flores de Cristo Rey, experimentó un gran crecimiento y Dios visitó en muchas ocasiones a la iglesia, usando algunos hermanos en diferentes maneras y en profecía de las cuales se han cumplido y otras que faltan por cumplirse. Luego de nueve (9) años en ese lugar la iglesia sufrió por falta de un local, ya que el local donde se congregaban los hermanos era alquilado y al tener que entregar dicho local, la iglesia fue trasladada a la casa del pastor en la calle Respaldo 4 #5 Lanna Gautier.

Asamblea de Iglesia Pentecostal de Jesucristo.

En el año 1986 nuestro concilio Asamblea de Iglesia Pentecostal de Jesucristo Inc. hace unión con la representación del Rev. Jonathan Lois V., quien contaba con cinco (5) iglesias en diferentes lugares de la República Dominicana. Estamos agradecidos de Dios por su misericordia para con nosotros.

Actualmente nuestro concilio ha experimentado un gran crecimiento numérico y espiritual, gracias a Dios. Afiliado a C.O.D.U.E, CONACOPE. Tiene una matrícula de 495 damas, 255 caballeros y 331 jóvenes en plena comunión. Entre los líderes que se han destacado en la obra del Señor en dicha República reconocemos a Rvdo. Jonathan Victoria, Rvdo. Rogelio Encarnación, Rev. Virgilio Morales y una segunda generación de ministros que se han dado al ciento por uno en el desarrollo de la iglesia. Esta República ha trabajado fuertemente desarrollando el Instituto Bíblico Internacional y programas educativos. Abriendo campos blancos y actualmente compraron un terreno en la Luisa, Monte Plata y comenzaron la construcción de un Centro Cristiano de Bienestar Comunitario para así ser de mayor bendición. Dios ha suplido todos los materiales y tocado muchas personas y comerciantes para así cooperar con la obra grande que se viene realizando como lo fue en el caso de Nehemías que unos trabajaban y otros velaba por el cuidado y desarrollo hasta que los muros y las puertas fuesen reconstruidos.

En el año 2009 en Agosto del 12 al 16 se celebro la primera convención dominicana en dicho Centro para la gloria de Dios. Esto fue un acontecimiento que marcó la historia, aunque el lugar no está terminado pero los hermanos con gratitud decían: ¡tenemos centro, tenemos centro!, verdaderamente el estar en ese lugar en ese momento fue algo glorioso, victorioso. En esa convención se celebró los actos de graduación del Instituto Bíblico Internacional de República Dominicana y fue unos de los actos más preciosos, fueron promovidos 104 estudiantes. Recuerdo que esta convención fue acompañada por mucha lluvia del cielo y mucha lluvia espiritual.

El primer presidente conciliar de la República lo fue el Rev. Jonathan Lois Victoria seguido por el Rev. Rogelio Encarnación ambos han luchado contra vientos y mareas por el crecimiento y desarrollo de la República Dominicana. Bajo el liderazgo del Rev. Encarnación Dios permitió que el trabajo se organizara con mayor precisión y la visión de un centro para celebrar las actividades conciliares y poder rentarlo a otras organizaciones y así desarrollar fondos económicos para la iglesia marchante. Nuestro hermano Encarnación aunque es pastor en la cuidad Nueva York, fue partícipe de esta primera convención en el Centro.

Como dato interesante en la convención 2008 de la República, por vez primera queda electa la hermana Rev. Ramona Osorio (Fiordaliza) como presidente conciliar de la República y se ha entregado en cuerpo y alma para el crecimiento de la obra de Dios. Ha continuado con la visión de trabajo del Centro ella y toda la directiva ha logrado dar marcha a la obra con más ímpetu.

Asamblea de Iglesia Pentecostal de Jesucristo.

El Salvador

Estando en la ciudad de Connecticut por más de dieciséis (16) años Dios inquieta al hermano Oscar Martínez en el año 1999 decide regresar a su tierra y levantar una casa para adorar a Dios. Comienza a reunirse en la casa de su hermano carnal Mario Martínez. Que ubica en el Sunza de Sonsonate, Dios habiéndosele revelado en tres ocasiones le habla diciendo: "Tienes que ir porque los campos ya están preparados". Sin saber a dónde iba a establecer el templo fue directamente del aeropuerto hasta el Sunza, y un terreno que Dios le había permitido comprar, ahí levanta sus manos y dice: "Aquí se levantará casa a Jehová". Luego pasa a visitar a su esposa y familia. Era tan grande el llamado y la convicción de que Dios lo había enviado que lo primero que hizo fue identificar el lugar en donde más adelante se iba a edificar casa a Jehová. Allí dieron una vigilia y Dios en confirmación de que estaba aprobando aquello manda un remolino de viento y los cobija a todos bajo su poderosa presencia. Dios le ordena que colocaran siete piedras en el terreno porque allí iban a ver la gloria de Dios. Allí pues comenzaron el primer culto que se dio con tres hermanos presentes la hermana Lita Morales, Efraín Letona y la hermana Ángela de Ramírez, a esto se le suma la familia del hermano Oscar, la hermana Francisca, hermana Mónica. La obra siguió en crecimiento a estos hermanos se le unieron los hermanos Virgilio Rosales y esposa y el hermano Mario que es ahora el músico de la iglesia. Al mes ya contaban con 20 personas ya a los tres meses tenían una prospera congregación con 50 miembros.

Para el mes de junio del mismo año comienzan la construcción del templo, ladrillo a ladrillo y Dios iba añadiendo de sus bendiciones. Así como Nehemías la obra no tarda en lograrse pues en el año 2000 ya estaba terminada. Los primeros en llegar fueron el Rvdo. Otoniel Torres y el Rvdo. Juan Núñez. Luego la Rvda. Nancy Ramos y un grupo de misioneras visitaron. No quiero pasar por alto el trabajo de la directiva de misiones que en ese tiempo era presidida por el Rvdo. Bartolomé Pabón y junto al él Rvdo. Mariano Torres viajo hacia esas tierras y bajo su administración fue aceptada y reconocida la misión de El Salvador. Luego de esa gran victoria en el año 2001 surge un gran terremoto que destruye este templo. Para este momento hombres esforzados del distrito de Chicago dirigidos por el Rvdo. Wilfredo Díaz que para ese entonces era el presbítero de dicho distrito. Llegan a levantar los muros caídos, ya que el templo completo hubo que reconstruirlo. Los hermanos no solo se dedicaron a reconstruir el templo, sino también las casas adyacentes al mismo. Esta iglesia cuenta con una membresía muy grande y hermosa, con cuatro extensiones de escuela bíblica bendiciendo a más de trescientos (300) niños. Cuenta con el Instituto Bíblico Internacional. Y con una escuela de enseñanza secular, dirigida hábilmente por la Asociación de Damas Mensajeras del Señor y su directora Rvda. Mónica de Martínez. Así como el sol resplandece con todo su esplendor, así es esta iglesia resplandece más allá de sus límites, pues ha resplandecido en el sector el Jobo de Sonsonate, con otra maravillosa obra y sobre todo ungida por el poder del Espíritu Santo. A través del departamento misionero se han comprado el terreno, bajo la administración de Rev. Jorge Suárez, Mariano Torres y Jaime Sáez. Los primeros pastores de esta congregación lo fueron el hermano Manuel Díaz y el hermano Abraham Dubón. Debo mencionar que los primeros pilares de este templo los pusieron el hermano Díaz y el hermano Dubón. Así juntos se le daba crecimiento a la visión del pastor Martínez de construirle un templo a Jehová en cada uno de los departamentos de El Salvador. Luego de esto estuvieron los hermanos Armando y Elsa de Suárez. Esta iglesia es pastoreada actualmente por el joven Edwin Gil y su amada esposa Gualda de Gil. En el año 2009 el departamento misionero vuelve invertir en la plantación del reino bajo la administración del Rev. Evaristo Díaz, Rev. Sáez y Rev. Nancy Ramos comprando una tierra en Santa Ana y ya hay una galera donde se reúne un grupo de hermanos para la gloria de Dios. Y cada día añade Dios los que han de ser salvos.

República de Guatemala

La tierra de la eterna primavera, llamada así por su belleza tropical, siendo el Rev. Crisolo Texidor presidente de la organización y el Rev. Federico Feliciano ellos comenzaron a trabajar los papeles de personería jurídica a través del hno. Ramón Cruz se comenzó a trabajar con unas obras para los años 80.

A través de él se logro contactos con unos familiares que tenían una congregación en la capital. Estos intentos no rindieron frutos más tarde el Rev. Jorge Suárez y Rev. Mariano Torres volvió a intentar el trabajo en la obra aunque había un gran interés y muchos esfuerzos no nos dejaron resultados positivos, pero no quitaron el ánimo de seguir intentándolo.

Hace algo más de 17 años, un 31 de Diciembre de 1991 para ser exacto, grupo de hombres emprendieron con sus familias un largo camino, indudablemente guiados por la mano de Dios y por el Hno. Donato Mijangos, quien fuera el siervo que Dios llamó con el propósito de llevar las nuevas de salvación a las almas necesitadas.

Cada año que transitaba, era el motor que impulsaba y llevaba la iglesia Nueva Jerusalén de triunfo en triunfo y de victoria en victoria. En sus inicios no contaba con un lugar en donde realizar los servicios, pero no fue obstáculo, ya que por decisión del Hno. Pastor Donato Mijangos y los hermanos, se acordó realizar los servicios en los hogares de cada hermano. Los días Domingos los niños asistían a la Escuela Dominical y recibían sus clases dentro de un bus viejo, la asistencia era de niños y de los hermanos adultos.

Debido al crecimiento, fue necesario orar y accionar para que Dios nos concediera un terreno propio. y sin duda el señor respondió a nuestra petición, concediéndonos un terreno valorado en Q 50,000 (quetzales), cantidad que con trabajo arduo de toda la congregación se logró pagar; luego se nos dio la oportunidad de adquirir otro terreno propio. La iglesia se organizó, de la manera siguiente: sociedad de Damas, Caballeros, Jóvenes, Departamento de Educación, Diaconado y Pastor. Cada sociedad con sus respectivos líderes.

El señor despertó la visión en el corazón del pastor con el fin de construir un templo hermoso y espacioso para más almas se rindieran a los pies de Cristo. Se inició pues la contratación de un ingeniero arquitecto profesional, para la elaboración de los planos, los cuales fueron realizados por la arquitectura y hermana en Cristo Isabel Donis De Hernández, quien ha contribuido fuertemente en la obra de Dios, y no dudamos de que Dios fue quien guió su mano para poder crear dicho proyecto de construcción. Se inició con la elaboración de los mismos, el 3 de octubre del año 2001. La primera piedra se puso el 4 de marzo de 2002, fecha en que esta obra no ha cesado puesto que cada año sigue con mucha más fuerza.

No queremos dejar pasar por alto el enorme esfuerzo y colaboración de los hermanos que el señor ha llamado a su presencia y que sin duda fueron fieles colaboradores en la obra de Dios, hasta el final:

Hna. Aurelia Rivera, Hno. Oscar Abad, Hno. Jorge Yucute, Hno. Juan Antonio Jolón, Hna. María Aroche, Hno. Jerónimo Domínguez, Hno. Pedro Ortiz Cifuentes, Hna. María Inocenta López.

Durante los pasados 13 años estuvimos trabajando independientemente, es decir, que no pertenecíamos a ninguna Misión; sin duda creemos que fue un regalo de parte de Dios en poner en nuestro camino al Hno. Mariano Torres, miembro Ejecutivo del Concilio AIPJ, Inc. con cede en Chicago, Ill., USA. Fue aquí el punto de partida para empezar las negociaciones y evaluar la posibilidad de pertenecer y recibir la cobertura de dicho Concilio.

Tras un año y medio de estudio con relación a la Constitución y Estatutos de dicho Concilio, decidimos por unanimidad recibir la cobertura de nuestro amado y querido concilio AIPJ el 28 de Enero del 2005, llevando muy en alto el mismo. La afiliación al mismo nos facilitó actualmente la obtención de la personería jurídica.

Actualmente se cuenta con una Iglesia fundada en Santa Lucía, Los Ocotes, Guatemala, cuyo pastor es el Hno. Rolando Rodríguez, junto con su amada esposa Lourdes De Rodríguez.

Por esto y por muchas cosas más, damos gracias a Dios por permitirnos trabajar con amor para él, con el fin de ver más almas rendidas a los pies de Cristo, y por supuesto llevamos bien en alto a AIPJ, Inc. pregonando las Buenas Nuevas de Salvación.

Aprovecho la oportunidad para agradecer a todos los hermanos que han colaborado económicamente para la construcción del hermoso templo donde serán las oficinas centrales del concilio y la Iglesia Central del distrito de Guatemala.

El Triunfo se Alimenta del Triunfo

Es de a poco como se alcanzan objetivos, metas y retos, es con sabiduría y consejo como se abre el camino al éxito y, sobre todo, es con la mejor motivación con la que se debe llegar al triunfo, porque en ella habremos facilitado el camino para otros, deseando que también lleguen a la VICTORIA.

Rev. Donato Mijangos, Supervisor

República de Nicaragua

Nuestros comienzos como organización con dicho pueblo fueron para los años noventa, comenzando con una pequeña iglesia de nombre Ebenezer con 16 miembros en el ba-

La historia • Nuestras raíces en la plantación del Reino.

rrio Libertad para el año 1995 aproximadamente en el año 1998 el pastor que estaba en ese momento el Rev. Douglas Martínez viajo a Estados Unidos y contacto al Rev. Otoniel Torres. El concilio comienza a trabajar ese mismo año pues recibieron la visita del Rev. Saúl González el director de misiones, él fue el encargado de recibir la iglesia. En febrero del siguiente año se eligió una junta de directiva nacional y se iniciaron los procesos de personería jurídica. En el 2000 dicha república fue visitada por el Rev. Bartolomé Pabón y Rev. Mariano Torres para supervisar la buena marcha de la obra para ese entonces había cuatro congregaciones. Esta obra ha sido sostenida fielmente por nuestra organización al pasar de los años. Dios viendo la integridad y el deseo de esta organización de ayudar y bendecir nos ha ido dando como dice su palabra: mejor es lo poco con justicia que la muchedumbre de fruto sin derecho. [proverbios16:8], al escribir sobre dicha república reconozco que el trabajo ha sido fuerte, pero con recompensas. Hoy Dios nos ha permitido trabajar en varias ciudades en Nicaragua algunas de ellas son: Chinandega- Pastora Jamileth Aguilera, la zona Teozintal, zona San Marcanda- Pastor William García, San Lucas Río Coco- Pastor Elimelex Olivas, zona Apaguipe Río Coco- Pastor Norlan Gregorio. Para llegar a algunas de nuestras iglesias así como pasó el Apóstol Pablo en sus viajes, pasan nuestros hermanos cruzando ríos, sufriendo frío, aveces necesidades, pero alaban y glorifican a Dios. Esto es una obra poderosa y también el Instituto Bíblico imparte el pan de la enseñanza a los hermanos. En el mes de febrero de 2009 celebramos la convención y por primera vez queda nombrada una supervisora en dicha tierra. Nuestra hna. Rev. Jamileth Aguilera está trabajando incansablemente por nuestro concilio y por la obra de nuestro Señor Jesucristo, realmente valorizamos toda la organiza-

Asamblea de Iglesia Pentecostal de Jesucristo.

ción su entrega, esfuerzo y dedicación por la obra del Señor. Nuestra supervisora es parte de la coalición de pastores de Consejo Nacional de Pastores Evangélico de Nicaragua siendo la secretaria oficial. El Instituto Bíblico Internacional en el Distrito de Nicaragua lo inició el Rev. Douglas Martínez en calidad de Representante y Presbítero en Nicaragua. Gracias a Dios las primeras clases de nuestro I.B.I. se impartieron en el patio de la casa del pastor Rev. Douglas el lunes 11 de septiembre del 2000. La primera Promoción se celebró el 17 de Junio del 2001 con 13 Promocionados de primer año. Hemos tenido avances increíble en este departamento bajo la supervisión de la hna. Jamileth Aguilera graduando un grupo hermoso de hermanos, lideres, pastores y obreros. Contamos con tres ramas de institutos y una buena disposición para continuar la obra del Señor Jesucristo. La directiva actualmente está compuesta por la supervisora Rev. Jamileth Aguilera, vice-presidente Rev. Rogelio Centeno, Exh. José Vicente Alfaro y Exh. Margarito Antonio.

Parte IV
Nuestros Presidentes

Dr. Joaquín Ramos

Rev. Joaquín Ramos

El Rev. Joaquín Ramos, nuestro primer presidente, por razones desconocidas no tenemos mucha información. Fue pastor en la 114 E. 108 en Manhattan N.Y., más tarde pastoreo en el 667 de Broadway N.Y.

Para el 1952 comenzó a fungir como presidente de la naciente Primera Iglesia

Pentecostal de Jesucristo Inc. En unos de sus escritos encontramos esta cita:"siempre se sueña con lo que se ama. Hacen algunos años tuve el privilegio de dirigir el concilio. Es el sueño más bello, su estro más puro, fue la razón de mi vida y mi pasión constante". El se consideraba un soñador el cual logro muchas cosas pues al nosotros continuar lo que empezó se consideraba elaborador de sus victorias. Era algo que vibraba en su alma como la esperanza de salvación. Nuestro hermano Ramos, mas adelante volvió a las aulas de estudios, graduándose en Educación Teológica obteniendo el titulo del Doctorado en Teología. Fue escritor del libro: Del Cañaveral a la Universidad y director de escuelas en la isla de Puerto Rico.

La historia • Nuestras raíces en la plantación del Reino.

Reverendo Andrés Matos

Asamblea de Iglesia Pentecostal de Jesucristo.

Rev. Andrés Matos Vázquez

El Rev. Andrés Matos Vázquez, nació el día 10 de abril de 1921, en el pueblo de Cidra, Puerto Rico. Siendo sus padres el Sr. Miguel Matos y la Sra. Carmen Vázquez, los cuales procrearon 9 hijos.

A la edad de 14 años aceptó al Señor. Al cabo de tres años se mudo a la ciudad de Santurce, PR donde fue a residir al barrio Hoare en aquel entonces comenzó a visitar una iglesia Pentecostal. Se hizo miembro de la misma y fiel colaborador. En una vigilia en el barrio Jagüeyes de Río Piedras fue bautizado en el Espíritu Santo. Para finales del 1941 comienza un noviazgo junto a la joven, Carmen Lydia Valcárcel. Lo enlistaron en el ejército de los Estados Unidos en el 1944. Fue licenciado del ejército con el rango de cabo, como técnico de radiología. Al poco tiempo contrajo nupcias con Carmen Lydia, el 27 de julio de 1946. Establecieron su hogar en el barrio Hoare en Santurce. Comenzó sus ministerio de pastorado en aquel mismo lugar, al mismo tiempo que Dios lo bendecía inmensamente. Les nace su primer hijo, Andrés Jr. El día 6 de octubre de 1947. Para el año 1948 nace su hija Abigail, el 24 de noviembre. Fue ungido al completo ministerio en la convención anual en el pueblo de Maunabo, PR en el mes de enero de 1949. Se graduó durante el 1950 de estudios bíblicos en el Instituto Bíblico Mizpa en Bayamón, PR. Para el 1950 les nace su hija, Damaris, el día 20 de julio. Para el 1951 fue trasladado, junto a su familia hacia el pueblo de Aguadilla, PR. El Señor lo continuó bendiciendo en esta nueva obra. Al cabo de dos años el Señor le abrió puertas para moverse hacia la ciudad de Nueva York. Su esposa, junto a sus tres hijos; permanecieron en Puerto Rico en casa de los padres de ellas, en Santurce, PR. En el mes de noviembre del

1953 fue trasladado a la ciudad de Chicago IL, para continuar trabajando en una obra recién comenzada.

En el 1954, en el mes de marzo asistió a una reunión de obreros en Nueva York; mientras se encontraba allí recibió ayuda económica de su cuñada Marina, Hermana de Carmen Lydia. Esta ayuda le permitió viajar a Puerto Rico y traer consigo a su familia. Ellos permanecieron en Nueva York, en casa de Marina por espacio de tres meses, debido a no tener el apartamento preparado en Chicago. Luego en el mes de junio los envió a buscar para finalmente establecerse en Chicago, IL. Muestra de las bendiciones del Señor, lo indican las veces que se vieron forzados a moverse a locales más amplios. En el 1955 para el mes de julio, les nace el día 22, su hija Hulda. En la convención de 1957, quedó electo Presidente del Concilio de las Asamblea de Iglesia Pentecostal de Jesucristo, Inc. Al poco tiempo nace su hija, Rhodes, el 9 de agosto de 1957.

En el año 1961 es fundado el Instituto Bíblico Internacional en la ciudad de Chicago, del cual por la gracia de Dios vino a ser el director y también maestro. Eliezer, su hijo más pequeño, nació el 31 de marzo de 1962. En el año 1966 se trasladó junto a su familia, continuando sus pastorado, en la ciudad de Milwaukee, WI. El templo estaba (y todavía se encuentra hoy día), en el 907 W. Walker St. Fueron 11 años de grandes bendiciones tanto espirituales como en número de miembros.

En el año 1967, su hija mayor Abigail, contrajo nupcias con el Rev. Jorge Suárez. En el año 1969, Damaris contrajo nupcias con el joven Andresito Márquez. En el 1971 su hijo mayor, Andrés Jr. contrajo nupcias con la joven Verónica Ríos. Por espacio de 16 años, Dios le concedió ser presidente del Concilio de las Asamblea de Iglesia Pentecostal de Jesucristo, Inc.

En el año 1977 continúan con su pastorado en la ciudad de Miami, Fl. Al igual que años anteriores, el Señor les bendijo a él y a su familia en gran manera.

En el 1980, su hija menor, Rhodes contrajo nupcias con el joven Rubén Burgos. En el 1982, Eliezer, contrajo nupcias con la joven Martha Vargas.

Estando activo en su ministerio fue afectado por una enfermedad, la cual lo privó de continuar su pastorado, pero siempre ocupado en la viña del Señor. En el 1983, Dios le permitió regresar junto a su esposa Carmen Lydia y a su hija Hulda, a la ciudad de Milwaukee, WI para continuar sus tratamiento médico en el Hospital de Veteranos. A lo largo de 15 años de tratamiento médico, se vio la mano de Dios obrando en el, hasta el punto de verse al borde de la muerte en varias ocasiones. A través de todo esto Dios lo levantaba y en todo el trayecto de su enfermedad siempre glorificó al Señor cantando sus favoritas melodías: Yo quiero más de Cristo, Dime qué más puede hacer Jesús, Última milla, El cuidara de mí, y Jehová me recogerá. Cuando su condición se lo permitía, junto a su hija Hulda asistían a la iglesia.

El día 23 de septiembre de 1998 fue llamado ante la presencia de aquel que lo llamó desde su juventud.

Le sobreviven su esposa, Carmen Lydia, sus hijos, Andrés Jr., Abigail, Damaris, Hulda, Rhodes y Eliezer. Al igual que sus 16 nietos y nietas y 2 biznietas. También sus hermanos Miguel, Rosa y demás familiares.

Rev. Crisolo Texidor Delgado

Rev. Crisolo Texidor Delgado

Nació el 10 de Agosto de 1926, en el barrio Bocas de Guayanilla, Puerto Rico. Fueron sus padres El Sr. Valentín Texidor Marcucci y Ramona Ramírez Delgado. Crisolo curso sus estudios en las escuelas de Barinas y en los indios de su pueblo natal. Desde muy joven mostró sus dotes de liderazgo

Asamblea de Iglesia Pentecostal de Jesucristo.

estando activo y siendo un fiel simpatizante del partido Nacionalista de Puerto Rico y de su líder Pedro Albizu Campos. Mas Dios mostrando su amor hacia él le permite conocerlo y el 14 de Agosto de 1941 nuestro muy querido hermano Crisolo Texidor nació de nuevo haciendo publica profesión de fe, bajo el pastorado de Rev. René Vélez Facio. Fue capaz de entregarle al Señor sus mayores deseos de servicio y todas sus fuerzas para el desarrollo de su obra en la plantación del reino aquí en la tierra. Desde muy joven comenzó y en su temprana conversión comenzó a luchar por la causa del Señor en su propio barrio, ayuda a su iglesia en todo lo que le fue posible en bien de las almas perdidas. En 1945 recibe un llamado contundente por el Señor al ministerio pastoral en una convención de jóvenes en el pueblo de Cayey Puerto Rico así comienza el alfarero a darle formación a una de sus más preciada vasija y en el 1948 fue nombrado asistente a pastor en el pueblo de Yauco bajo el pastorado del Rev. Fructuoso Cardona. En esta labor de asistente a pastor fue motivado por el Espíritu Santo a levantar una obra para el Señor Jesucristo en el barrio Susua Baja, donde dejo una capilla, un grupo de hermanos valiente y con una escuela bíblica de más de cien personas.

En el 1949 fue trasladado al barrio Bucarabones de ahí paso al pueblo de Maricao siendo el primer pastor pentecostal en abrir obra en ese pueblo. También fue pastor en Trujillo Alto. En el 14 de Enero 1950 Contrajo nupcias con la joven Paula Justiniano fue padre de tres hijos. Ismael, Esther y Daniel. En octubre 23 1953 se traslado a Nueva York, en esta urbe pastoreo la Primera Iglesia Pentecostal de Jesucristo. En la tercera avenida de Manhattan en la calle 110. Fue parte de ese primer grupo de hermanos que trabajaron en la formación del concilio Asamblea de Iglesia Pentecostal de

Jesucristo y del comienzo del Instituto Bíblico Internacional en Nueva York. Junto al Rev. Cleofe Vargas trabajo para Radio Paraíso y fue un gran colaborador para la revista variedades cristiana que dirigía la hna. Milca Agosto. En el año 1965 inauguró el templo que adquirió con su iglesia ubicada en el 220-22 East de la 118 en Manhattan. Dios le permite ver que de esta iglesia salen catorce iglesias y más de 40 obreros los cuales están pastoreando en diversas organizaciones.

Nuestro hermano Rev. Crisolo Texidor fue electo presidente del Concilio Asamblea Pentecostal De Jesucristo Inc. En el año 1972. En su tiempo de presidencia desarrollo estrechos lazos fraternales con otras organizaciones y ministerios de esta manera Dios hacia crecer la obra en sus manos y es bueno señalar que cuándo salió de la presidencia dejo ciento veinte iglesias organizadas en diferentes estados en Puerto Rico y tres república. Con mas de cinco millones en propiedades. Bajo su administración se organizo las asociaciones del concilio como los Jóvenes, Caballeros, Damas y niños en forma oficial con sus respectivas reglamentaciones y sus organigramas administrativos y un Instituto Bíblico en progreso. Fue en la cuidad de Nueva York cooperador en todas las actividades en el ministerio en actos importante en la cuidad como la parada del niño Cristiano como tesorero de la Asociación evangélica del niño cristiana por espacio de cuarenta año. Fue tesorero del la asociación de Clamor presidida por el Rev. Raschke. Trabajo en el ministerio Cristo Viene del evangelista Yiye Ávila. Dios le permitió trabajar en el programa de la oveja perdida. Siendo nuestro hermano Crisolo un hermano tan entusiasta y de espíritu agresivo ayudo a organizar los programas religiosos en algunos hospitales y fue un fiel cooperado del precinto 25 de la policía de Manhattan para liberar la juventud de las gangas. Gustaba de visitar las cárceles y fungió como tesorero de los capellanes del Bronx. Fue respetado por los concilios por su cooperación en todo lo que le delegaran a su persona. Siempre mantuvo la amistad con los demás compañeros de milicias y nunca tomo miembros de otras congregaciones. Por tal razón la asociación del niño y su director el Rev. y Dr. Rubén Díaz le dedicaron el banquete de 1996. En ese mismo año fue el gran mariscal de la parada de la asociación del niño en Nueva York.

El 5 de septiembre de 1977, después de estar separado por 14 años de su primera esposa contrajo nupcias con la joven Juanita González Ríos con quien procreo dos hijos Abner y Obed Crisolo Texidor. Nuestro hermano gustaba de preparar hombres y mujeres para trabajar para el ministerio. Agradecido de Dios porque muchos hijos de su ministerio han levantado el estandarte con fuerzas y fidelidad hacia Dios. Agradecido de Dios por los muchos amigos que cooperaron con el en todo tiempo, sin nombrarlos por los nombres por los tantos que son y no queriendo pasar por alto ninguno de ellos.

Agradecido a su compañera y amiga esposa Juanita Texidor que a pesar de la diferencia de edad nunca se quejo ni lo menospreció en ningún momento en su matrimonio. Agradecido por la amistad y el respeto que le mostró el concilio pues sin ellos no hubiese llegado al lugar que Dios nos permitió llegar. En el mes de agosto de 2009, el señor lo llamo a morar en su presencia.

La historia • Nuestras raíces en la plantación del Reino.

Rev. Clotilde Medina

Rev. Clotilde Medina

Nació en la bella ciudad pintoresca con sus playas turísticas del pueblo en Humacao, Puerto Rico. Sus padres fueron, el Sr. Gervacio Medina y la Sra. Beneda Báez donde juntos tuvieron un núcleo familiar de 8 hijos: Victoria, María, Flora, Concha, Noemí, Clotilde, Olivo y David. A los 8 años de edad (1937), Clotilde tuvo su renacimiento espiritual con

Asamblea de Iglesia Pentecostal de Jesucristo.

nuestro Señor Jesucristo el cual acepto como su Salvador. El pertenecía a la Iglesia Movimiento Int. que pastoreaba el Rev. Porfirio. Desde su juventud él fue muy activo en la obra del Seño. Fue un joven muy ejemplar donde fue de gran bendición y ejerció varias posicione. Ayudo a su pastor hasta trasladarse al estado de la Florida en Estados Unidos, buscando un mejor ambiente. Luego se movió hacia el estado de Indiana, donde recibió su llamado a ser pastor. A los 25 años, fue ungido al pleno ministerio. Luego a los 27 se caso con la que fue su esposa por 32 años la Sra. Sara López Morales, en la ciudad de Milwaukee, Wisconsin, el 23 de diciembre de 1956, donde el Rev. Andrés Matos unió esta hermosa pareja delante de Dios y los hombres. Juntos procrearon 5 hijos: Abigail, Ruth, Eliseo, Samuel y Rubén.

Una vez casados se traslado a pastorear en Milwaukee, Wisconsin, en el concilio Asamblea de Iglesia Pentecostal de Jesucristo Inc. Estuvo pastoreando en esta ciudad alrededor de 4 años, luego de esto fue trasladado a la ciudad de los vientos Chicago IL., donde pastoreo por espacio de 15 años. Aquí comenzó en la iglesia localizada en la calle Wells del Old Down Town en Chicago, se movieron a un lugar más amplio en el área sur de Chicago específicamente a la calle Sheffield y Willow y de allí compraron un templo localizado en el oeste en la calle Lemoyne y Fairfield.

En 1976, decide irse a vivir a Puerto Rico, allí pudo el también establecer una obra donde pastoreo por un lapso de 5 años hasta 1981. Luego nuevamente volvió a Tampa FL., donde nuevamente estableció otra obra y pastoreo hasta el año 1984, otra vez lo trasladan a Milwaukee WI. Donde pastoreo por espacio de 5 años hasta febrero de 1989. Por causa de la salud de su esposa, Sara deciden moverse a Puerto Rico, esta falleció en junio del 1989. En Puerto Rico fue presbítero de nuestra organización.

En el año 2000 se mudo a Tampa FL., donde nuevamente comenzó otra obra la cual pastoreo hasta que fue hospitalizado en junio del 2005. Todos estos años de su ministerio dedicado al Señor y a la iglesia, aparte de ser columna del movimiento, dirigente, líder y pastor de diferentes iglesias por muchísimos años ejerció múltiples funciones en la viña del Señor tales como: presidente de nuestro concilio, director de Instituto, maestro, consejero, presbítero, secretario internacional, pastor, tesorero internacional, supervisor y tesorero del departamento Misionero entre otras muchas cosas. Ayudo a iniciar la Gran Parada del Niño Cristiano en Chicago y Milwaukee. Viajo a muchos lugares en el campo misionero en México, Sur América, Estados Unidos, Puerto Rico, Santo Domingo y Haití. Fue fundador de varias iglesias en diferentes lugares realizando un ministerio muy efectivo y progresivo.

Asamblea de Iglesia Pentecostal de Jesucristo.

Rev. Otoniel Torres

Rev. Otoniel Torres

Nació en la ciudad de Bayamón, Puerto Rico en el barrio Dajaho, el 8 de noviembre de 1947. Sus padres José Torres (fallecido) y su madre Cruzita Moreno, tuvieron 12 hijos y todos fueron criados en el evangelio.

A la edad de los 12 años, fue bautizado en las aguas. A la edad de 16 años llego a la ciudad de Nueva York donde estuvo por tres años viviendo con sus hermanos mayores, para ese tiempo dejo de asistir a la iglesia. A la edad de 19 años se mudo a la ciudad de Chicago y vivió en casa del pastor Rev. Ángel Bonilla. A la edad de 21 años, en una madrugada a las 3 de la mañana entregó su alma al Señor.

En noviembre del 1970, visitando la iglesia del Hno. Francisco Melecio, en la cual celebraban un culto de Acción de Gracias conoció a la señorita Monserrate Tellado, mejor conocida por Rosa, ella tenía 16 años. Ahí comenzó su noviazgo y el día 22 de mayo de 1971 contrajeron matrimonio.

Estudio en el Instituto Bíblico Internacional de Chicago en 1972. En el año 1974 se graduó con honores. El día 16 de abril de 1972 nació su primer hijo Otoniel Jr. El 20 de septiembre de 1973 nació su hija Dalilah.

Decidieron mudarse a Puerto Rico, ahí el hermano Otoniel sintió abrir el I.B.I. en el pueblo de Vega Baja en el año 1977, siendo el uno de los maestros. Ahí comenzó como misionero a predicar el mensaje y por la gracia de Dios comenzó a abrir una obra en el pueblo de Bayamón.

Su tercer hijo Ozni nació en el año 1978, y Arelina nació en el 1979. Ya era tiempo de salir de Puerto Rico y se regresaron a Chicago donde se le entrego una iglesia para que pastoreara. Por 5 años (1979-1984), estuvieron allí. Fue ungido al pleno ministerio en Chicago en el 1982.

En el año 1987 abrió el I.B.I. Detroit siendo el Rev. Otoniel director y maestro. Fue director del instituto en Chicago desde 1993 al 1996 y también maestro desde 1981. En el año

Asamblea de Iglesia Pentecostal de Jesucristo.

1987 pasó a ser presbítero en el distrito de Chicago hasta el 1990. Fue vice-presidente de nuestro concilio desde el 1991 hasta el 1996 siendo presidente el Rev. Clotilde Medina. En 1996 fue elegido como presidente internacional y ejerció este puesto alrededor de 6 años. También ejerció el puesto de tesorero de la Coalición de Ministros en la ciudad de Chicago.

En ese mismo año tuvo el privilegio junto a su esposa de celebrar las bodas de plata. Actualmente el Rev. Otoniel Torres y su esposa perseveran en la iglesia del Rev. Ramón Gerena y dirige una rama del Instituto bíblico en el sur de Chicago.

Rev. Wilfredo Díaz Reyes

La historia • Nuestras raíces en la plantación del Reino.

Rev. Wilfredo Díaz Reyes

El Rev. Wilfredo Díaz Reyes, nació el 15 de julio del 1957, en la ciudad de Bayamón PR. Siendo sus padres el Sr. Evaristo Díaz Rosa y la Sra. Ana Reyes Cabrera. Los cuales procrearon 6 hijos siendo el más pequeño el hno. Freddy como cariñosamente le llaman. Sus hermanos son: Carmen Judith, Milagros, Evaristo, José William, Luis Enrique. Concluyo sus estudios en la Escuela Superior Dr. Agustín Star de Bayamón. Curso estudios de contabilidad y oficinista en el Colegio de Oportunidades Educativas en Buchanan, Guaynabo y en el Instituto de Banca y Programación en Río Piedras P.R.

Contrajo nupcias el 16 de junio de 1979 con la Srta. Olga R. López Andino. Y juntos procrearon 4 hijos: Wilfredo Jr., Judith, David y Marcos Díaz López. Actualmente tiene 3 nietos Caleb, Ayden y Jacob.

Su conversión al Señor fue el 25 de agosto de 1981 en la ciudad de los vientos Chicago, IL. Su padre espiritual lo fue el Rev. Víctor M. Limardo. Comenzó sus estudios teológicos en el Instituto Bíblico Internacional en septiembre /1981 terminando en el año 1984. Graduándose con honores. Bautizado en las aguas en Noviembre 20, 1981 y recibiendo la promesa del Espíritu Santo en Agosto 5 1982. Su ministerio ha sido influenciado por los Rev. Félix Cabrera, el Rev. Clotilde Medina entre otros.

Sus primeros cargos en la obra del Señor fueron chofer de la guagua de la iglesia y consejero de jóvenes. Fue maestro del Instituto Bíblico por un corto tiempo. Comenzó su ministerio pastoral en el templo Sol de Justicia en Abril 18, 1985.

Asamblea de Iglesia Pentecostal de Jesucristo.

Además de ser pastor ha fungido en el distrito como presidente, vice-presidente de caballeros, presbítero del distrito de Chicago, secretario de Misiones a nivel conciliar, luego fue director en el año 1990 de misiones por 5 años. Su primer viaje misionero fue a la República de Guatemala. Fue director del programa radial Sol de Justicia por espacio de 7 años. También se desempeñó como secretario de la coalición de ministros en Chicago bajo la presidencia del Rev. Moserrate Romero. Participó como fundador de Unidad de Concilios de Avivamiento Pentecostales (UNICAP), actualmente pertenece al comité ejecutivo de esta organización. Fue elegido en el año 1995 sub-tesorero del concilio cargo que ejerció por espacio de 6 años. En el año 2002 fue elegido presidente de nuestra organización cargo que ostenta hasta el presenta año. El Rev. Wilfredo Díaz fue ungido al pleno ministerio en el año 1986. Entre sus logros más sobresalientes se destacan: la celebración de la reunión ejecutiva con todos los líderes conciliares, la cumbre misionera con todos sus representantes. El desarrollo y organización de las convenciones de Centroamérica y la primera convención de México. También destacamos que se han logrado las distintas Personerías Jurídicas en las Repúblicas. Otros de los logros ha sido el llevar el Cuidado Pastoral a todos los distritos de nuestra organización. Actualmente bajo su incumbencia también se ha logrado que todas las finanzas de la organización sean administradas desde un mismo banco. Nuestro presidente se caracteriza por ser visionario, innovador, persistente, integro y muy carismático. Sabe trasmitir su visión y damos gracias a Dios por su ardua labor y los logros alcanzados.

Parte V
Departamentos

Oficina central

Desde que se incorporo nuestro concilio, la visión de tener una sede central u oficina fue primordial. Al incorporar en el Estado de Nueva York, la oficina fue un salón del templo de la 118 St. Allí fue nuestro comienzo y orígenes los primeros documentos fueron trabajado por Rev. Clotilde Medina, Rev. Freddie Feliciano, Rev. Salvador Martell y Rev. Ángel Moreno. Nuestra segunda oficinas fueron en el distrito de Chicago ya que en ese entonces la mayoría de los lideres pertenecían a dicho distrito la dirección física fue 2816 West 55 St. Chicago Illinois 60632, este edificio fue vendido más adelante se compro un edificio en 3452 W. North Ave. y se preparo para ser nuestras oficinas centrales, estas fueran inaugurada el 5 de Septiembre 1999 bajo la administración del Rev. Otoniel Torres y Rev. Ángel Moreno quien era el secretario general. Allí con una oración de dedicación en un ambiente de compañerismo y una cena de inauguración se comenzó el trabajo siendo este lugar nuestras oficinas centrales hasta el día de hoy, Gloria a Dios damos por las victorias obtenidas desde ese lugar. En esta oficina se comenzó a celebrar en Noviembre del año 2008, la primera cumbre de líderes de Jóvenes. La visión que todos los lideres distritales de jóvenes se familiarizaran con el trabajo que estaba haciendo la directiva internacional y así todos trabajar con una misma visión y dirección. Esto fue un éxito total y estando en una reunión de líderes en Septiembre de 2009 el presidente de los caballeros Luis Náter, hijo propuso que las directivas de caballeros, damas y jóvenes y todos sus líderes distritales participaran de esta bendición con sus respectivas directivas internacionales, esto fue aprobado y se celebro la primera cumbre de líderes de asociaciones en Noviembre de 2009. Esta fue una experiencia fuerte de unión, compañerismo y amistad. Nuestros líderes distritales han desarrollado un sentido de pertenencia con la organización y nuevos líderes se han estado formando.

La historia • Nuestras raíces en la plantación del Reino.

Directivas Ejecutivas

Año	Presidente	Vice-Presidente	Secretario	Sub-Secretario	Tesorero	Sub-Tesorero	Sindico
1961	Rev. Andrés Matos	Rev. Juan Lebrón	Rev. Antonio Ramos	Rev. Clotilde Medina	Rev. José L. Troche	Rev. Juan R. Ortiz	Rev. Crisolo Texidor
1962	Rev. Andrés Matos	Rev. Crisolo Texidor	Rev. Antonio Ramos	Rev. Aldemiro Álvarez	Rev. José L. Troche	Rev. Vicente Padín	Rev. Antonio Acosta
1963	Rev. Andrés Matos	Rev. Crisolo Texidor	Rev. Clotilde Medina	Rev. Manuel Marín	Rev. José L. Troche	Rev. Vicente Padín	Rev. Gerardo García
1964	Rev. Andrés Matos	Rev. Crisolo Texidor	Rev. Clotilde Medina	Rev. Vicente Padín	Rev. José L. Troche	Rev. Gerardo García	Rev. Octavio Espinosa
1965	Rev. Andrés Matos	Rev. Crisolo Texidor	Rev. Clotilde Medina	Rev. Gerardo García	Rev. José L. Troche	Rev. Vicente Padín	Rev. Octavio Espinosa
1966	Rev. Andrés Matos	Rev. Crisolo Texidor	Rev. Clotilde Medina	Rev. Antonio Acosta	Rev. José L. Troche	Rev. Vicente Padín	Rev. Octavio Espinosa
1967	Rev. Andrés Matos	Rev. Crisolo Texidor	Rev. Clotilde Medina	Rev. Antonio Acosta	Rev. José L. Troche	Rev. Juan Narváez	Rev. Octavio Espinosa
1968	Rev. Andrés Matos	Rev. Crisolo Texidor	Rev. Clotilde Medina	Rev. Jesús Martínez	Rev. José L. Troche	Rev. Juan Narváez	Rev. Octavio Espinosa
1969	Rev. Andrés Matos	Rev. Crisolo Texidor	Rev. Clotilde Medina	Rev. Antonio Acosta	Rev. José L. Troche	Rev. Juan Narváez	Rev. Octavio Espinosa
1970	Rev. Andrés Matos	Rev. Crisolo Texidor	Rev. Clotilde Medina	Rev. Vicente Padín	Rev. José L. Troche	Rev. Bienaventurado Rodríguez	Rev. Octavio Espinosa
1971	Rev. Crisolo Texidor	Rev. Andrés Matos	Rev. Clotilde Medina	Rev. Vicente Padín	Rev. José L. Troche	Rev. Bienaventurado Rodríguez	Rev. Octavio Espinosa
1972	Rev. Andrés Matos	Rev. Manuel Marín	Rev. Vicente Padín	Rev. Jesús Martínez	Rev. José L. Troche	Rev. Bienaventurado Rodríguez	Rev. Octavio Espinosa

Asamblea de Iglesia Pentecostal de Jesucristo.

Año	Presidente	Vice-Presidente	Secretario	Sub-Secretario	Tesorero	Sub-Tesorero	Sindico
1973	Rev. Andrés Matos	Rev. Crisolo Texidor	Rev. Miguel Martínez	Rev. Jesús Martínez	Rev. José L. Troche	Rev. Bienaventurado Rodríguez	Rev. Clotilde Medina
1974	Rev. Crisolo Texidor	Rev. Octavio Espinosa	Rev. Clotilde Medina	Rev. Jesús Martínez	Rev. Miguel Martínez	Rev. Antonio Colón	Rev. Andrés Matos
1975	Rev. Crisolo Texidor	Rev. Octavio Espinosa	Rev. Clotilde Medina	Rev. Jesús Martínez	Rev. Miguel Martínez	Rev. Antonio Colón	Rev. Andrés Matos
1976	Rev. Crisolo Texidor	Rev. Clotilde Medina	Rev. Jesús Martínez	Rev. Manuel Marín	Rev. Miguel Martínez	Rev. Félix Cabrera	Rev. William Texidor
1977	Rev. Crisolo Texidor	Rev. Clotilde Medina	Rev. Jesús Martínez	Rev. Manuel Marín	Rev. Miguel Martínez	Rev. Félix Cabrera	Rev. William Texidor
1978	Rev. Crisolo Texidor	Rev. Clotilde Medina	Rev. Manuel Marín	Rev. Andrés Matos	Rev. Miguel Martínez	Rev. Félix Cabrera	Rev. William Texidor
1979	Rev. Crisolo Texidor	Rev. Clotilde Medina	Rev. Manuel Marín	Rev. Andrés Matos	Rev. Miguel Martínez	Rev. Juan González	Rev. William Texidor
1980	Rev. Crisolo Texidor	Rev. Clotilde Medina	Rev. Federico Feliciano	Rev. Jorge Ortiz	Rev. Miguel Martínez	Rev. Juan González	Rev. William Texidor
1981	Rev. Crisolo Texidor	Rev. Clotilde Medina	Rev. Federico Feliciano	Rev. Jorge Ortiz	Rev. Miguel Martínez	Rev. Juan González	Rev. William Texidor
1982	Rev. Crisolo Texidor	Rev. Eugenio Morales	Rev. Federico Feliciano	Rev. Manuel Marín	Rev. Miguel Martínez	Rev. Salvador Martell	Rev. William Texidor
1983	Rev. Crisolo Texidor	Rev. Clotilde Medina	Rev. Federico Feliciano	Rev. Bartolomé Pabón	Rev. Miguel Martínez	Rev. Jorge Ortiz	Rev. Pablo Monclova
1984	Rev. Crisolo Texidor	Rev. Clotilde Medina	Rev. Federico Feliciano	Rev. Bartolomé Pabón	Rev. Ramón Gerena	Rev. Jorge Ortiz	Rev. Pablo Monclova
1985	Rev. Crisolo Texidor	Rev. Clotilde Medina	Rev. Federico Feliciano	Rev. Emiliano Rodríguez	Rev. Ramón Gerena	Rev. Jorge Ortiz	Rev. Pablo Monclova
1986	Rev. Crisolo Texidor	Rev. Clotilde Medina	Rev. Federico Feliciano	Rev. Emiliano Rodríguez	Rev. Ramón Gerena	Rev. Bartolomé Pabón	Rev. Pablo Monclova

La historia • Nuestras raíces en la plantación del Reino.

Año	Presidente	Vice-Presidente	Secretario	Sub-Secretario	Tesorero	Sub-Tesorero	Sindico
1987	Rev. Clotilde Medina	Rev. Miguel Martínez	Rev. Federico Feliciano	Rev. Salvador Martell	Rev. Ramón Gerena	Rev. Bartolomé Pabón	Rev. Pablo Monclova
1988	Rev. Clotilde Medina	Rev. Miguel Martínez	Rev. Federico Feliciano	Rev. Salvador Martell	Rev. Ramón Gerena	Rev. Bartolomé Pabón	Rev. Pablo Monclova
1989	Rev. Clotilde Medina	Rev. Marcos Santiago	Rev. Federico Feliciano	Rev. Salvador Martell	Rev. Ramón Gerena	Rev. Bartolomé Pabón	Rev. Pablo Monclova
1990	Rev. Clotilde Medina	Rev. Marcos Santiago	Rev. Federico Feliciano	Rev. Salvador Martell	Rev. Ramón Gerena	Rev. Bartolomé Pabón	Rev. Pablo Monclova
1991	Rev. Clotilde Medina	Rev. Otoniel Torres	Rev. Salvador Martell	Rev. Emiliano Rodríguez	Rev. Ramón Gerena	Rev. Delfín Díaz	Rev. Pablo Monclova
1992	Rev. Clotilde Medina	Rev. Otoniel Torres	Rev. Salvador Martell	Rev. Emiliano Rodríguez	Rev. Ramón Gerena	Rev. Delfín Díaz	Rev. Pablo Monclova
1993	Rev. Clotilde Medina	Rev. Otoniel Torres	Rev. Salvador Martell	Rev. Bartolomé Pabón	Rev. Ramón Gerena	Rev. Delfín Díaz	Rev. Pablo Monclova
1994	Rev. Clotilde Medina	Rev. Otoniel Torres	Rev. Ángel Moreno	Rev. Bartolomé Pabón	Rev. Ramón Gerena	Rev. Delfín Díaz	Rev. Pablo Monclova
1995	Rev. Clotilde Medina	Rev. Otoniel Torres	Rev. Ángel Moreno	Rev. Héctor Ramos	Rev. Ramón Gerena	Rev. Wilfredo Díaz	Rev. Pablo Monclova
1996	Rev. Otoniel Torres	Rev. Juan Núñez	Rev. Ángel Moreno	Rev. Héctor Ramos	Rev. Ramón Gerena	Rev. Wilfredo Díaz	Rev. Pablo Monclova
1997	Rev. Otoniel Torres	Rev. Juan Núñez	Rev. Ángel Moreno	Rev. Héctor Ramos	Rev. Ramón Gerena	Rev. Wilfredo Díaz	Rev. Pablo Monclova
1998	Rev. Otoniel Torres	Rev. Juan Núñez	Rev. Ángel Moreno	Rev. Héctor Ramos	Rev. Ramón Gerena	Rev. Wilfredo Díaz	Rev. Pablo Monclova
1999	Rev. Otoniel Torres	Rev. Juan Núñez	Rev. Ángel Moreno	Rev. Héctor Ramos	Rev. Ramón Gerena	Rev. Wilfredo Díaz	Rev. Pablo Monclova
2000	Rev. Otoniel Torres	Rev. Juan Núñez	Rev. Ángel Moreno	Rev. Héctor Ramos	Rev. Ramón Gerena	Rev. Wilfredo Díaz	Rev. Pablo Monclova
2001	Rev. Otoniel Torres	Rev. Juan Núñez	Rev. Ángel Moreno	Rev. Héctor Ramos	Rev. Ramón Gerena	Rev. Wilfredo Díaz	Rev. Pablo Monclova

Asamblea de Iglesia Pentecostal de Jesucristo.

Año	Presidente	Vice-Presidente	Secretario	Sub-Secretario	Tesorero	Sub-Tesorero	Sindico
2002	Rev. Wilfredo Díaz	Rev. Ángel L. Lebrón	Rev. Héctor Ramos	Rev. Enrique Ortiz	Rev. Ramón Gerena	Rev. Luis Rodríguez	Rev. Pablo Monclova
2003	Rev. Wilfredo Díaz	Rev. Ángel L. Lebrón	Rev. Héctor Ramos	Rev. Enrique Ortiz	Rev. Ramón Gerena	Rev. Luis Rodríguez	Rev. Pablo Monclova
2004	Rev. Wilfredo Díaz	Rev. Luis A. Náter	Rev. Héctor Ramos	Rev. Enrique Ortiz	Rev. Ramón Gerena	Rev. Luis Rodríguez	Rev. Pablo Monclova
2005	Rev. Wilfredo Díaz	Rev. Luis A. Náter	Rev. Héctor Ramos	Rev. Enrique Ortiz	Rev. Ramón Gerena	Rev. Luis Rodríguez	Rev. Pablo Monclova
2006	Rev. Wilfredo Díaz	Rev. Luis A. Náter	Rev. Héctor Ramos	Rev. Enrique Ortiz	Rev. Mariano Torres	Rev. Luis Rodríguez	Rev. Pablo Monclova
2007	Rev. Wilfredo Díaz	Rev. Luis A. Náter	Rev. Héctor Ramos	Rev. Enrique Ortiz	Rev. Mariano Torres	Rev. Luis Rodríguez	Rev. Pablo Monclova
2008	Rev. Wilfredo Díaz	Rev. Luis A. Náter	Rev. Héctor Ramos	Rev. Enrique Ortiz	Rev. Mariano Torres	Rev. Luis Rodríguez	Rev. Pablo Monclova
2009	Rev. Wilfredo Díaz	Rev. Luis A. Náter	Rev. Héctor Ramos	Rev. Enrique Ortiz	Rev. Mariano Torres	Rev. Salvador Martell	Rev. Pablo Monclova

Revista Oficial "Sendero de Verdad"

Reconocemos como el fundador de nuestra revista al Rev. Jorge Suárez, tan solamente hemos recopilado datos que nos indican que la primera publicación fue para el año 1973, su director para aquel entonces residía en Nueva York y desde aquella cuidad se imprimía y se distribuía. Por falta de fondos económicos decayó. Después de un periodo aproximadamente de 11 años de silencio salió a la luz para el año 1986 nuevamente la Revista Sendero de Verdad bajo la dirección del Rev. Luís G. Samuel. Según la historia la congregación de la calle Bracetti #564, en Santurce Puerto Rico; presto lo necesario para publicar esta revista, ellos; querían que esta revista no se detuviera, ya que era de mucha bendición a los lectores. Pasó el año 1986, y decayó nuevamente la revista. Las causas las desconocemos. Otro tiempo de silencio, con algo que era sumamente importante tanto para el movimiento general, como para sin-numero de obreros que anhelaban que la revista fuera nuevamente publicada y que de esta manera saliera a la luz nuevamente. Fue para el año de 1988, en el mes de Julio en la trigésima séptima asamblea convencional cuando sorpresivamente el Cuerpo Ejecutivo llamo a una reunión al Rev. Ángel Moreno y le presentaron un plan para hacer una prueba con la revista nuevamente, y que volviera a salir a la luz. Rápidamente comienza a trabajar cuando llego a California; y la prueba dio resultado "El Sendero de Verdad" vuelve a salir a la luz. Hasta ahora se habían publicado 22 volúmenes, y ediciones especiales como la de 50 años. La revista tuvo que parar en el 1994 por falta de apoyo financiero. Sabemos que como órgano oficial del concilio Asamblea de Iglesia Pentecostal de Jesucristo, Inc. Fue de gran bendición. Esperando y cito como dijera el Rev. Ángel Moreno: "seamos todos de un mismo sentir, entendamos la proclamación de la palabra por medio de la revista y recuerde que usted es el único que puede hacer que esta revista siga caminando". Esperando que sea como un nuevo amanecer y que nuestra revista vuelva a salir sin detenerse. Hay otra revista que se han publicado, la asociación de jóvenes desarrolla en su distrito las suyas y hay un boletín llamado "La Antorcha" con mensaje y anuncio que sale desde la oficina oficial de nuestro concilio.

Asamblea de Iglesia Pentecostal de Jesucristo.

Asociación de Heraldos de Cristo

Hombres comprometidos por la causa del Señor

Una asociación victoriosa que data sus orígenes desde muy temprano. Nuestras iglesias todas estaban organizadas en sociedades, entre ellas estaba la de los caballeros. Algunos de nuestros antepasados fueron Hnos. Sixto Morales, Rafael González, Pablito Centeno, Bernardo Meléndez, Jaime López entre otros tantos. Las iglesias reportaban en las conversiones de los tales en sus informes anuales. Buscando unir fuerzas y lazos espirituales deciden constituirse en la Asociación de Caballeros heraldos de Cristo a través de una resolución presentada, en la Preconvención de Chicago, IL.; y entro en vigencia en la conferencia 28 se reunieron en magna asamblea en la iglesia 220-22 E. 118 St Nueva York City, N. Y.; en Julio de 1979, por acuerdo general fueron constituido en la Asociación de Caballeros La palabra Heraldo significa un oficial cuya misión era anunciar las declaraciones de paz o cualquier mensaje, es un anunciador, portavoz o mensajero. Así mismo los Heraldos de Cristo tienen el llamado y la responsabilidad de ser un portavoz de Dios en la tierra, encargados de anunciar las buenas de salvación a toda criatura. Su texto tema es: Procura con diligencia presentarte a Dios aprobado, como obrero que no tiene de que avergonzarse, que usa bien la palabra de verdad. 2 Timoteo 2:15 Su Himno tema es: Somos Heraldos. Su Emblema: contiene el escudo, la biblia el cordero y la corona de olivo. Su uniforme: Traje Negro, camisa Blanca, Corbata negra y zapato negro y la insignia al lado izquierdo Algunos de sus presidentes fueron Lic. Héctor Pérez, Rev. Manuel Padilla, Rev. Antonio Ortíz, Rev. Delfín Díaz, Rev. .Juan , Rev. Georges Rodríguez, Rev. Jorge Torres. Su actual presidente es el Exh. Luis Náter Jr. del distrito de Chicago.

Asamblea de Iglesia Pentecostal de Jesucristo.

Asociación de Damas Mensajeras del Señor

Engañosa es la gracia, y vana la hermosura: La mujer que teme a Jehová, esa será alabada.

La Asociación de damas mensajeras del Señor entró en vigencia en los años 1970-1973, teniendo mediodía de participación en la convención general bajo la presidencia de la Mis. Georgina 'Yiya' Ramos de Flores. En el año 1977 se les concede a las damas un día completo en convención. La primera directiva de damas estuvo compuesta por:

Presidenta: Yiya Flores Chicago, Vice-presidenta: Diana Pérez NY, Secretaria: Dolores Ortíz N Y, Sub-secretaria: Carmen Camacho Chicago, Tesorera: Antonia García NY,

Sub-tesorera: Crucita Núñez Chicago, Vocal: Gerónima García N Y.

Estos años subsiguientes fueron año de formación de reglamentación y de un crecimiento y donde Dios se glorifico a través de mujeres esforzadas y valiente. Estas nunca retrocedieron entre ellas se encuentran la Mis. Dolores Ortíz, Mis. Rosita Cruz, Mis. Inés , Mis Alicia Cortéz, Mis. Emilia Muñóz y Hna. Mis. Paulina Santiago.

Aun cuando en nuestra organización no se le conferían el titulo de reverendo a las hermanas fue hasta la convención (1996) en Boca Ratón Florida, que se comenzó a ungir al pleno ministerio a estas siervas si se le reconocía su llamado y su ministerio. Evidencia de esto son los diversos pastorados de mujeres luchadoras, esforzadas y muy dadas a la guerra espiritual como la Rev. Emerita Perales, Rev. Nancy Ramos, Rev. Martha Ventura, Rev. Virginia Cruz, Rev.Teresa Cruz, Rev. Noemí Robles, Rev. Fiordaliza Osorio, Rev. Lydia Sánchez entre otras. Gracias A Dios nuestra organización ha enmendado este error y nuestras hermanas ministros pueden ejercer todas las funciones de su ministerio y aun trabajar en sus respectivos distritos como presbítero, supervisores etc. Hoy por hoy las damas trabajamos en un ambiente cómodo sin diferencias de sexos, raza o color. Así se abre puerta a una oportunidad de desarrollo de liderazgos y colaboración ministerial de muchas hermanas debidamente preparadas y dotadas de sabiduría especial para trabajar en el area administrativa de nuestra organización.

Siempre recordamos que la fundadora fue una mujer conocida Mis. Juana Rivera. Nuestra actual presidente es la Rev. Diana Quiñónes, incansable trabajadora en la obra misionera y la gestora de la Escuelita de Cristo en El Salvador. La cual administra y supervisa anualmente muy hábilmente.

De la Asociación de Damas Mensajeras del Señor han salido una cantera de recursos para trabajar en la obra. Maestras, misioneras, pastoras, Líderes administrativos, consejeras, conferencista etc.

Su Lema es Mensajera del Señor, que significa llevar un mensaje, cuya misión era el encargo de decir o llevar una cosa; una mensajera, es una anunciadora o una portavoz.

- Coro Tema: Mensajeras somos de Cristo El Señor, escrito por la Mis. Georgina "Yiya" Ramos de Flores.
- Emblema: Insignia El escudo, la paloma, la corona de olivo, y la Biblia
- Colores: Blanco, negro, y azul añil.

Juventud "Embajadores del Rey"

La Asociación de Jóvenes "Embajadores del Rey", del Concilio Asamblea de Iglesia Pentecostal De Jesucristo, Inc. Es una entidad sin fines de Lucro donde el interés primordial es de llevar el mensaje de salvación a la juventud.

En sus comienzos en los años 1960, los jóvenes del Distrito de Nueva York y el Distrito de Chicago se reunían en sus respectivos lugares para llevar culto y o jubileos. Luego al pasar de los años a medida que crecía nuestra asociación de jóvenes se iban creando nuevos distritos y a su vez, los jóvenes se reunían y celebraban sus actividades en sus respectivos lugares.

Durante la convención general de Asamblea de Iglesia Pentecostal de Jesucristo, Inc. Se le otorgaba un día a la Asociación de Jóvenes, para que se celebraran su culto. Todos los distritos se unían a confraternizar y a realizar diferentes actividades. Ya para el año 1964 organizaron oficialmente a los jóvenes Embajadores del Rey en 353 Bedford Av. Brooklyn N.Y. Iglesia que era pastoreada para en ese entonces por Rev. Jorge Suárez. El primer presidente de la juventud lo fue Hno. Jorge Suárez seguido por hna. Dolores Victoria. Ambos son lideres conciliares en sus respectivos distritos.

Fue en 4 de Julio 1968 en convención se crea una comisión compuesta por las siguientes personas Rev. Andrés Matos, Rev. Octavio , Hna. Damaris Matos, Hno. Orlando Alvarado, Hna. Dolores Victoria, Rev. Crisolo Texidor Y Hna. Andrea García.

En 1974 se comienza a formar AJER en Puerto Rico. Movida por el Señor de hacer un viaje a Puerto Rico a visitar las iglesias de nuestro movimiento y estar con los jóvenes, informa la hna. Ana Delia Molina que el día 17 de diciembre, visitó la iglesia del Rvdo. Juan Mercado. Participando del culto de jóvenes, allí expreso cual era el propósito de su viaje, ver cómo estaban trabajando la juventud. El 19 de diciembre visitó la iglesia del Rvdo. Mariano Santana en Río Abajo en Vega Baja, habló algunas palabras gozándose con ellos. El día 25 de diciembre visitó la iglesia de nuestro hermano Paulino Monclova en Villa Palmera, allí pudo ver que necesitaba ayuda para organizarlo, aunque solo eran 3 iglesias ellos no tenían el reglamento ni el uniforme, por lo cual ella se sintió movida por el Señor para organizar la primera directiva. Esta reunión fue llevada a cabo con los pastores locales y jóvenes y por medio de sorteo la misma quedó compuesta de la siguiente manera: Presidente: Noemí Colón, Vice-presidente: Ivette Colón, secretaria: Noemí Medina, sub-secretaria: Elizabeth

Santana, tesorero: Ángel M. Del Valle, sub-tesorero: Freddie Ortíz, Vocales: María E. Santana, Iris Martínez, Minerva del Valle y Consejero hno. Salvador Martell.

Hubieron momentos de reorganización nuevamente en el año 1979 cuando un grupo de jóvenes de diferentes distritos decididos organizaron el Reglamento de la Asociación de Jóvenes "Embajadores del Rey" Luego llevaron en acuerdo presentar dicho Reglamento al cuerpo Ejecutivo del concilio.

Por cuanto en la convención general de las Asambleas de Iglesia Pentecostal de Jesucristo, Inc., realizada en el mes 07/80 en la ciudad de Chicago se realizo la presentación y discusión del reglamento por el cuerpo ejecutivo. Y donde por primera vez se constituye por decisión unánime la Asociación de Jóvenes "Embajadores del Rey". Se celebro la primera convención de Jóvenes en el mes de Agosto de 1980, en Chicago IL. , Por medio de una enmienda al reglamento se unió la convención de jóvenes a la de nuestro concilio (Reglamento A.J.E.R. p.4)

- Sus Colores Son: Blanco y el negro
- Su texto Tema: Así que somos, embajadores en el nombre de Cristo, como si Dios rogase por medio de nosotros: Os rogamos en nombre de Cristo: Reconciliaos con Dios 2 Corintios 5:20
- Lema: Juventud de Cristo, Por Cristo y para Cristo
- Himno Tema: Juventud Marchad
- El emblema simboliza los fines y esencia misma de la asociación. Este está compuesto de tres cosas: La cruz, la corona y dos ramas de olivo.

Asamblea de Iglesia Pentecostal de Jesucristo.

La cruz nos recuerda el derramamiento de sangre que nos limpia de pecado. La corona es el símbolo de nuestro tema Embajadores del Rey en nuestra insignia. Las dos ramas de olivos significa la paz de Dios que habita en nuestros corazones. Nuestro emblema es la unión de los frutos principales del Espíritu Santo y nuestra motivación en la búsqueda de los dones de Dios

Han pasado tantos líderes, presidentes, siervos y consiervos que no los mencionamos Su presidente actual lo es un joven talentoso que se ha entregado al servicio del Señor Jesucristo y a su obra mostrando un amor excepcional hacia las misiones su nombre es Hno. Jesús Colón.

La juventud se ha distinguido por su participación espontánea en las convenciones, por sus campamentos de todos los distritos, y por el surgir de ministerios poderosos en la predicación, campos evangelísticos, misioneros y en la música. Entre ellos está el joven Nathanael Náter que recientemente grabo su primer CD musical y ha ido en crecimiento. Los jóvenes son promotores de periódicos y boletines informativos en sus respectivos distritos. AJER en las convenciones mantiene ocupados a sus jóvenes en conferencias, dinámicas, estudios bíblicos, y diversas actividades de unidad social que han permitido lazos de fraternidad durante todo el año fiscal y es así que es muy esperado este evento por dicha asociación.

Actualmente (2009) los consejeros de dicha asociación lo son el Exh. Israel y la Mis. Marisa Avilés, ellos muy hábilmente y con una dirección del Espíritu Santo han dado nuevos aires, visión internacional y misionera, promoviendo una nueva generación en Dios y por Dios. Podemos afirmar que es una generación de Josué o de Eliseo que se viene forjando entre los Moisés y Elías de nuestra organización.

Los niños "Joyas de Cristo"

Son una parte integral de nuestra organización, es un ministerio cuyo propósito es el de promover primeramente a la iglesia local y al distrito. Compartiendo el amor de Cristo con los niños de cada iglesia y principalmente con la comunidad. Siendo que los niños son considerados importantes, ya que el que no fuere como un niño no podría heredar el reino de los cielos. Ellos son nuestras Joyas como pequeños metales preciosos, de mucho valor, son las Joyas de Cristo. Nuestros pequeños comienzan desarrollando en sus iglesias locales, teniendo participación activa en sus cultos, todos los distritos celebran sus jubileos desarrollando en ellos liderazgo, ministerio, compromiso y sentido de pertenencia conciliar. Unos de los eventos de mayor participación lo es la parada del niño cristiano, en donde quiera que se realizan nuestra organización se compromete a trabajar. Nuestro concilio en el año 1996 comienza un proyecto llamado "Pequeños Soldados", haciéndole parte de las Joyas de Cristo, este programa es basado a formar un ejército espiritual fundamentado en la Biblia, en el desarrollo físico, mental y social de nuestra niñez. Su uniforme de gala es lucido en las convenciones y actividades especiales. Este proyecto ha sido desarrollado solo en algunos distritos siendo de gran bendición. Nuestra organización a través del trabajo realizado con los niños tiene muchos hijos espirituales rindiendo fruto en diversas posiciones y ministerios.

Nuestros niños desde muy temprano han participado en actividades oficiales como la parada del niño cristiano que se celebra en diversos Estados y en Puerto Rico, desfilando y organizando grandes carrozas con historias bíblicas. Uno de nuestros presidentes se identificó grandemente con los niños y fue el Rev. Crisolo Texidor, la hermana Ana Avilés fue una líder incansable de niños en el distrito de Wisconsin. Todos los distritos han contado con grandes líderes que se han interesado en la niñez y así dando a valer la palabra de Dios cuando dice: Dejad los niños venid a mí y no se lo impidáis porque de los tales es el Reino de los Cielos.

Nuestros niños tienen la ventaja de crecer, participar hasta llegar a ser miembro activo de nuestras congregaciones y posteriormente ser parte de la juventud de nuestro concilio. Muchos son los que empezaron en la sociedad y hoy son ministros de nuestra organización.

Historia del Instituto y Escuela Bíblica

Allá por el año 1953, cuando en esta ciudad de Chicago apenas contaba con un número pequeño de creyentes, siendo la mayoría de ellos puertorriqueños llego a esta ciudad el muy querido hermano en Cristo Rev. Andrés Matos. Con el propósito de pastorear la Primera Iglesia Pentecostal de Jesucristo que en aquel entonces estaba ubicada en el 1326 al Oeste de la calle Madison. Era su sentir y oraba a Dios intensamente poder ver algún día que en esta ciudad hubiese alguna escuela bíblica para la preparación de maestros de escuela dominical. Al transcurrir el tiempo y viendo que cada día Dios añadía almas a su Iglesia y eran organizadas mas Iglesias de habla hispana y a la vez el enemigo sembraba su doctrina errónea, ardía mas y mas su deseo en su corazón. No fue hasta el mes de septiembre del año 1961 se abrieron las aulas del Instituto Bíblico Internacional Inc., en la ciudad

Asamblea de Iglesia Pentecostal de Jesucristo.

de Chicago. No faltaron pruebas y dificultades al comienzo por la falta de maestros, solo contaba el instituto con dos maestros el hermano José Barreto y nuestro hermano Andrés Matos. No obstante nuestro Director afianzado en las promesas de Dios se mantenía diciendo el mismo que comenzó la obra la perfeccionara. No trascurrió mucho tiempo, apenas dos meses cuando oyó un grito desde la ciudad de Nueva York que alguien deseaba pasar por Macedonia y ayudarnos, me refiero al muy querido hermano en Cristo, Rev. Octavio Espinosa, procedente de la Isla de Cuba.

Rápidamente el hermano Andrés Matos sintió profunda alegría y gran satisfacción, al creer que el problema de los maestros estaba resuelto, ya que para el siguiente año contaríamos con dos grupos. Pero la bendición que gozábamos a través del hno. Barreto duro muy poco, un año solamente, pues tuvo que irse para Puerto Rico

Se reanudó de nuevo el problema de los maestros para el año 1963-1964, pues ahora tres grupos, Primero, Segundo y Tercer Año. Nuestro director no vaciló y continuo orando y confiando en las promesas de Dios y no llegó el comienzo de las clases cuando otro hermano negándose a sí mismo, lleno de valor, humilde, sincero y que mas podríamos decir de él, llenó el vacío que había, me refiero en esta ocasión al aludido hermano en Cristo el Rev. Víctor Santos.

Ahora, después de muchos largos años de grandes luchas y bendiciones no podemos decir otra cosa; nuestro hermano Andrés Matos pudo ver con sus propios ojos su sueño realizado. Hoy por la gracia de Dios, nuestro instituto cuenta con una competente facultad y muchas ramas filiales en Estados Unidos, Puerto Rico, República Dominicana, México, San Salvador Guatemala y en la bella Nicaragua.

Como dijera el Rev. Octavio Espinosa y cito: El Instituto Bíblico Internacional, cual cantera, produce valores, como fragua, forja caracteres, como crisol, no imita a nadie, sino, pule el oro, para la gloria del que os llamo. El Instituto Bíblico Internacional de la Asamblea de Iglesia Pentecostal de Jesucristo aparece registrado 17 de Junio de 1964 en Albany, New York e incorporado el 12 de Julio 1973 en el estado de Illinois. Ha sido la herramienta más poderosa con que cuenta nuestra organización pues ha sido el vehículo que mueve, e impulsa el crecimiento nuestro, prepara sus líderes capacitándole en la palabra y enviándolo al campo a trabajar. Es un honor hacer mención de sus líderes reconociendo así su labor. Rev. Andrés Matos, Rev. Octavio , Rev. Eugenio Morales, Rev. Julito Castillo, Rev. Orlando Feliciano, Rev. Ángel L. Lebrón Rev. Delfín Díaz, Lic. Charles Grubb y Lic. Sara Pabón. Nuestro instituto cuenta con su bandera, estandarte, insignia, reglamento y con un respaldo masivo dondequiera que abre sus puertas. Sin lugar a equivocarme puedo decir que los triunfos en la obra del Señor han sido tangibles y visibles por cuanto han quedado por manifiesto desde el comienzo de este movimiento en la educación, la gracia de Dios estuvo con nuestros pioneros y aun en el 2010 seguimos en esa unción en el presente. Ha sido la inspiración de muchos tanto en cánticos, poemas y preciosos mensajes elaborados y es el alma mater de nuestros obreros. Recordaremos siempre al hno. Antonio Valcárcel, compositor del himno lema, Estudiando Estamos. Nuestras iglesias iban tomando forma, a través de la evangelización y las diversas extensiones de escuelas bíblicas por los barrios y en cada rincón en el que fuese posible el transmitir la palabra de Dios. Nuestras Iglesias se caracterizaban por tener muchos niños y jóvenes. Es por eso en la conferencia del 1971, se presenta una resolución que fue aprobada, se acordó hacer un departamento por cada distrito para promover la escuela dominical. La misma constituyó la celebración en cada iglesia de nuestra organización. En esta convención se discutió extensamente el tema promoción y desarrollo de la escuela bíblica por el Lic. Orlando Alvarado.

Directores de IBI, Nicaragua y El Salvador, Rev. Jamileth Aguilera y Rev. Mónica de Martínez

Plegaria a I.B.I.

I.B.I. recuerdo con gozo,
¿Cómo podré olvidar?
Aquellos felices momentos
Cuando yo vine a estudiar
La bendita palabra
De nuestro Salvador
I.B.I. te llevo en mi alma
Pues eres mi inspiración
Cuando en el campo me encuentre
Llevando el mensaje de amor
Daré gracias siempre a Cristo
Por esta hermosa instrucción
En tus aulas sagradas
Pude contemplar su luz
Esa luz radiante y pura
De nuestro amado Jesús
En esta noche gloriosa
Noche es de graduación
Canto con gozo en el alma
Y tristeza en mi corazón
Al Dios del cielo imploro,
Su santa protección
Y a cada maestro abnegado
El llene con su bendición

Himno Tema

Estudiando Estamos
Estudiando estamos la palabra santa
Dulce e inspirada por nuestro Señor
Ella es cual lumbrera que ilumina el alma.
Trazarla debemos con Fe y con Amor.
Coro
Estudiando sin cesar algo que perdurara
Cada hora, cada instante
Cada día que se va aprendemos más y más
El carácter es eternal.
Hemos obtenido grandes enseñanzas
En el instituto internacional
Diligentemente las repasaremos
Y en bien del maestro las hemos de usar
Que el Señor escuche nuestra oración
Y que el dirija siempre la instrucción
Que podamos siempre con Jesús andar
Orando y confiando en su gran bondad.
Autor: Antonio Valcárcel

Escuelita de Cristo

Nuestra escuelita de Cristo, está situada en El Salvador, Este proyecto comenzó en el corazón de Hna. Mónica de Martínez. Viendo la necesidad de ayudar a lo más necesitado pues había muchos niños que trabajan ayudando a sus padres y familiares más no estudiaban. Nuestra hermana en uno de los viajes de la Rev. Diana Quiñones y Lic. Sara Pabón le plasma la visión y comienzan a dialogar como poder desarrollarla. Nuestra hermana viaja a Estados Unidos y presenta el proyecto y las damas Mensajeras del Señor lo hace suyo. El edificio se construye y fue inaugurado. Hermanas líderes del departamento viajan todos los años para comprar los útiles, preparar fiestas para los niños y las madres y celebran un convivió de damas en el mes de mayo. Para el mes de noviembre se celebra la graduación. A través de la asociación de damas se ha enviado uniforme, donado por una hermana perteneciente al distrito de Pennsylvania. Este proyecto ha tenido grandes colaboradores entre alguno de ellos Rev. José Nieves, Iglesia Nueva Jerusalén, Florida, la iglesia que pastorea Rev. Héctor Ramos y la iglesia que pastorea Rev. Roberto Vázquez, el comité de educación, Rev. Paulina Santiago y otros que han sostenido y mantenido este proyecto en pie.

Parte VI
Declaración de verdades fundamentales

La Biblia es nuestra toda suficiente regla de fe y práctica. Por lo tanto, esta Declaración de Verdades Fundamentales, tiene el propósito de presentar las bases para el establecimiento de la confraternidad entre nosotros. Es decir que todos hablemos una misma cosa (1 Corintios 1:10; Hechos 2:42). La fraseología que se usa en esta declaración no es, ni pretendemos que sea inspirada, pero las verdades aquí declaradas son consideradas esenciales para un ministerio evangélico completo. No pretendemos que nuestra declaración contenga todas las verdades de la Biblia, pero cubre nuestras necesidades esenciales respecto a estas doctrinas fundamentales.

La Inspiración de las Escrituras

Las Sagradas Escrituras, tanto en el Antiguo como en el Nuevo Testamento, son verbalmente inspiradas de Dios y son la revelación de Dios al hombre, la infalible y autoritativa regla de fe y conducta (2 Timoteo 3:15; 1 Tesalonicenses 2:13 ; 2 Pedro 1:21).

El Único Dios Verdadero

El único Dios verdadero se ha revelado así mismo como el propio existente, eterno "YO SOY" el Creador del cielo y tierra y el Redentor de la raza humana. El se ha revelado también manifestando los principios de parentesco y asociación, como el Padre, el Hijo y el Espíritu Santo (Deuteronomio 6:4; Isaías 43:10-11; Mateo 28:19; Lucas 3:22).

La Adorable Deidad

a) **Definición de términos.**

Los términos "trinidad y personas" según se relacionan con la Santa Trinidad, aunque no se hallan en las Escrituras, están en armonía con las Escrituras, por lo cual podemos comunicar a otros nuestros conocimientos inmediatos de la doctrina de Cristo con respecto a Dios en distinción de los muchos dioses y los muchos señores, por consiguiente podemos hablar con propiedad de Señor nuestro Dios, el cual es un solo Señor como una Trinidad y como un ser de tres personas y a la vez estar absolutamente dentro de las Sagradas Escrituras. Como ejemplo, (Mateo 28:19; 2 Corintios 13:14; Juan 14:16-17).

b) **Distinción y parentesco de la Deidad.**

Cristo enseña una distinción de personas en la Deidad, a las cuales designó con términos específicos de relación y parentesco, como Padre, Hijo y Espíritu Santo, pero que esta distinción y parentesco, en cuanto a su modo se refiere, es inescrutables e incomprensibles, por cuanto es inexplicable (Lucas 1:35; 1 Corintios 1:24; Mateo 11:25-27; 28:19; 2 Corintios 13:14; 1 Juan 1:3-4).

c) Unidad del ser único: Padre, Hijo y Espíritu Santo

De consiguiente hay algo en el Hijo aquello que lo constituye a Él, el Hijo, y no el Padre; hay algo en el Espíritu Santo que lo constituye a Él, el Espíritu Santo y no el Padre ni el Hijo. Por lo cual es el Padre el que engendra, el Hijo es el engendrado, y el Espíritu Santo es aquel que procede del Padre y del Hijo. Así que por cuanto estas tres personas en la Deidad están en perfecta unidad, hay un solo Dios Todopoderoso y tiene un solo nombre (Juan 1:18; 17:11,21; Zacarías 14:9, Juan 15:26).

d) Identidad y cooperación en la Deidad

El Padre, el Hijo y el Espíritu Santo no son idénticos en cuanto a persona, ni confundidos en cuanto a parentesco, ni divididos en cuanto a la Deidad, ni opuestos en cuanto a cooperación. El Hijo está en el Padre y el Padre en el Hijo en cuanto a relaciones. El Padre no procede del Hijo, pero el Hijo procede del Padre en cuanto a autoridad. El Espíritu Santo procede del Padre y del Hijo en cuanto a su naturaleza, parentesco, cooperación y autoridad. De consiguiente, ninguna de las tres personas en la Deidad existe u opera separada o independientemente de las demás (Juan 5:17- 30, 32,37; Juan 8:17,18).

e) El título "Señor Jesucristo"

El titulo "Señor Jesucristo, es nombre propio. Nunca se le aplica en el nuevo testamento ni al Padre ni al Espíritu Santo. Pertenece, por lo tanto, exclusivamente al Hijo de Dios (Romanos 1:1-3,7; 2 Juan 3).

f) El Señor Jesucristo, Dios con nosotros

El Señor Jesucristo, en cuanto a naturaleza divina y eterna es el propio y unigénito Hijo del Padre, pero en cuanto a naturaleza humana, es el legítimo Hijo del Hombre. Por consiguiente está reconocido como Dios y como Hombre; y siendo que Él es Dios y es Hombre, es "Emmanuel", Dios con nosotros (Mateo 1:23; 1 Juan 4:2, 10,14; Apocalipsis 1:13, 17).

g) El título "Hijo de Dios"

Siendo que el nombre "Emmanuel" comprende tanto a Dios como al hombre en la misma persona, nuestro Señor Jesucristo, se entiende que el título "Hijo de Dios" describe su propia Deidad, y el título "Hijo de Hombre", su propia humanidad. Por consiguiente el título "Hijo de Dios" pertenece al orden de la eternidad, el título "Hijo del Hombre" al orden temporal (Mateo 1:21-23; 2 Juan 3:8; Hebreos 7:3;).

h) Trasgresión de la doctrina de Cristo

Por lo tanto, trasgresión de la doctrina de Cristo, el decir que Jesucristo deriva su título "Hijo de Dios" solamente del hecho de la encarnación. Por consiguiente, negar que el Padre es un Padre eterno y real y que el Hijo es un Hijo real y eterno es una negación de la distinción y relación en la Deidad, una negación del Padre y del Hijo constituye un desconocimiento de la verdad de que Jesucristo es venido en carne (Juan 1:1, 2, 14, 18, 29, 49; 1 Juan 2:22,23; 4:1-5; 2 Juan 9; Hebreos 12:2).

i) Exaltación de Jesucristo

El Hijo de Dios, nuestro Señor Jesucristo, habiendo hecho el mismo la purgación por nuestros pecados se sentó a la diestra de Dios en las alturas, sujetándose a Él ángeles, principados y potestades, y habiendo sido hecho Señor y Cristo, envió al Espíritu Santo para que en el nombre de Jesús, se doble toda rodilla y confesar que Jesucristo es el Señor para gloria de Dios Padre, hasta el tiempo del fin cuando el Hijo se sujetará al Padre; para que Dios sea todo en todo (Hechos 2:32-36; Romanos 14:11; 1 Corintios 15:25-28; Hebreos 1:3; 1 Pedro 3:22).

j) Igual honor al Padre como al Hijo

Por cuanto el Padre ha dado todo el juicio al Hijo, no sólo es el explícito deber de todos en los cielos y en la tierra doblar rodillas ante Él; sino que también es gozo inefable en el Espíritu Santo atribuir al Hijo todos los altos atributos de la Deidad, además del honor y la gloria manifiestos en todos los nombres y títulos de la Deidad, (a excepción de aquellos que indican parentesco; véanse los párrafos b,c, y d) honrando así al Hijo así como honramos al Padre (Juan 5:22,23; Filipenses 2:8,9; 1 Pedro 1:8; Apocalipsis 4:8-11; 5:6-14; 7:9,10).

Asamblea de Iglesia Pentecostal de Jesucristo.

La Deidad del Señor Jesucristo

El Señor Jesucristo es el eterno Hijo de Dios. Las Escrituras declaran:

a. Su nacimiento virginal (Mateo 1:23; Lucas 1:31-35).

b. Su vida sin pecado (Hebreos 7:26; 1 Pedro 2:22).

c. Sus milagros (Hechos 2:22; 10:38.)

d. Su obra de sustitución en la cruz (1 Corintios 15:3; 2 Corintios 5:21).

e. Su resurrección corporal de entre los muertos (Mateo 28:6; Lucas 24:39; 1 Corintios 15:4).

f. Su exaltación a la diestra de Dios (Hechos 1:9; 2:33; Filipenses 2:9-11; Hebreos 1:3)

La caída del hombre

El hombre fue creado justo y bueno, porque Dios dijo: "Hagamos al hombre a nuestra imagen, conforme a nuestra semejanza". Mas el hombre, por trasgresión voluntaria cayó, y por lo tanto se acarreó no sólo la muerte física sino también la muerte espiritual, que es separación de Dios (Génesis 1:26,27; 2:17; 3:6; Romanos 5:12-19).

La salvación del hombre

La única esperanza de redención que tiene el hombre, es a través de la sangre vertida por Jesucristo el Hijo de Dios.

a) Condiciones para la salvación

La salvación se recibe por el arrepentimiento hacia Dios y fe en el Señor Jesucristo. El hombre es salvo por el lavacro de la regeneración y la renovación del Espíritu Santo, siendo justificado por la gracia por fe, viniendo a ser heredero de Dios según la esperanza de la vida eterna(Lucas 24:47; Juan 3:3; Romanos 10:13-15; Efesios 2:8; Tito 2:11;3:5-7).

b) Las evidencias de la salvación

La evidencia interna de la salvación para el creyente es el testimonio directo del Espíritu Santo (Romanos 8:16). La evidencia externa para toda persona es una vida de justicia y santidad verdadera (Efesios 4:24; Tito 2:12).

Las ordenanzas de la Iglesia

a) El bautismo en agua

La ordenanza del bautismo por inmersión se ordena en las Escrituras. Todos los que se arrepienten y creen en Cristo como Salvador y Señor deben ser bautizados. De esta manera testifican ante el mundo que han muerto con Cristo y han sido resucitados con Él para andar en novedad de vida (Mateo 28:19, Marcos 16:16, Hechos 10:47-48, Romanos 6:4).

b) Santa Comunión

La cena del Señor, que consiste en la participación de los elementos, el pan y el fruto de la vid, es la expresión simbólica que denota nuestra participación de la naturaleza divina de nuestro Señor Jesucristo (2 Pedro 1:4); un memorial de sus sufrimientos y muerte (1 Corintios 11:26); una profecía de su segunda venida (1 Corintios 11:26); y una ordenanza para todos los creyentes "Hasta que Él venga".

Bautismo en el Espíritu Santo

Todos los creyentes tienen el derecho y deben ardientemente buscar la promesa del Padre, el bautismo en el Espíritu Santo y fuego, de acuerdo con el mandato del Señor Jesucristo. Esta era la experiencia general en la iglesia primitiva cristiana. Con el bautismo viene una investidura de poder para la vida y el servicio, lo mismo que la concesión de los dones espirituales y su uso en la obra del ministerio (Lucas 24:49; Hechos 1:4,8; 1 Corintios 12:1-31). Esta experiencia es distinta y posterior a la experiencia del nuevo nacimiento (Hechos 11:14-16; 15; 7-9; 8:12-17; 10:44-46).

Con el Bautismo del Espíritu Santo viene una experiencia que es como una inundación del Espíritu (Juan 7:37-39;

Hechos 2:43; Hebreos 12:28), una ardiente consagración a Dios y dedicación a su obra (Hechos 2:42), y un ferviente amor por Cristo, por su Palabra y por los perdidos (Marcos 16:20).

La evidencia del bautismo en el Espíritu Santo

El bautismo en el Espíritu Santo en los creyentes se evidencia con la señal física de hablar en otras lenguas según el Espíritu de Dios los dirija (Hechos 2:4). El hablar en lenguas en este caso es idéntico en esencia al don de lenguas (1 Corintios 12:4- 10,28), pero diferente en propósito y uso.

Santificación

Santificación es un acto de separación de aquello que es malo y de dedicación a Dios (Romanos 12:1,2; 1 Tesalonicenses 5:23; Hebreos 13:12). Las Sagradas Escrituras enseñan una vida de "Santidad, sin la cual nadie vera al Señor" (Hebreos 12:14). Por el poder del Espíritu Santo somos capacitados para obedecer al mandamiento de: "Sed santos como "Yo soy santo" (1 Pedro 1:15,16).

La santificación se realiza (se efectúa) en el creyente por su reconocimiento e identificación con Cristo en su muerte y resurrección; vive por la fe esta unión con Cristo cada día; y por el ofrecimiento continuo al dominio del Espíritu Santo de todas las facultades. (Romanos 6:1-11,13; 8:1-13; Gálatas 2:20; Filipenses 2:12,13; 1 Pedro 1:5). La santificación requiere la disposición de parte nuestra a someternos a ciertas doctrinas de acuerdo al sexo.

a) El varón

Todo caballero creyente debe presentar buen testimonio en su hogar, en la comunidad donde vive, en el lugar de trabajo y en todo lugar en que se encuentre. Debe estar vestido en forma decorosa y debe usar un vocabulario adecuado y propio de un creyente, evitando palabras vanas y chistes de doble sentido en todo momento. Esto es aplicable también a jóvenes.

b) La mujer

Toda dama y/o jovencita creyente, necesariamente debe presentar un buen testimonio en todo lugar en que se encuentre. Sus vestiduras tienen que ser honestas conforme a lo establecido en las Sagradas Escrituras, evitando todo vestigio de sensualidad, de forma tal que glorifique el nombre de Dios en todo. Su cabello debe ser naturalmente largo.

Además evitara el uso de pinturas, pantallas, aretes, collares y cadenas de tipo alguno. Toda dama o jovencita creyente tiene que predicar con su testimonio y decir que están comprometida con Jesucristo y sus enseñanzas. Todo creyente debe procurar la unidad de la iglesia y debe formar parte y fomentar todas las actividades que propendan a la unidad del cuerpo de Cristo (2 Corintios 5:17; 1 Juan 5:18-20; Génesis 3:7,10-11, 21; Apocalipsis 3:18; Isaías 3:18-24; 1 Timoteo 2:9; 2 Reyes 9:30; Apocalipsis 2:20-21; Jeremías 4;30; 1 Corintios 11:14-16; 1 Pedro 3:2-4;1Corintios 6:12).

La Iglesia

La iglesia es el cuerpo de Cristo, la morada de Dios a través del Espíritu Santo, divinamente señalaba para el cumplimiento de su gran comisión. Cada creyente, nacido del Espíritu Santo, es parte integrante de la congregación de los primogénitos, cuyos nombres están inscritos en los cielos (Efesios 1:22,23; 2:22; Hebreos 12:23).

Siendo que el propósito de Dios concerniente al hombre es de buscar y salvar lo que se había perdido; ser adorado por el hombre, y edificar un cuerpo de creyentes a la imagen de su Hijo, la razón prioritaria de ser de la Asamblea de Iglesia Pentecostal de Jesucristo como parte de la Iglesia es:

a. De ser un cuerpo corporal en la cual el hombre pueda adorar a Dios (1 Corintios 12:13).

b. De ser una agencia de Dios para la evangelización del mundo (Hechos1:8; Mateo 28:19,20; Marcos 16:15-16).

c. De ser un canal por el cual el propósito de Dios de edificar un cuerpo de santos perfeccionados a la imagen de su Hijo se efectúe (Efesios 4:11-16;1 Corintios 12:28; 14:12).

La Asamblea de Iglesia Pentecostal de Jesucristo, existe para dar continuo énfasis en los puntos señalados arriba, en la forma apostólica neostestamentaria, enseñando y estimulando a los creyentes a ser bautizados en el Espíritu Santo. Esta experiencia:

1. Los capacita para evangelizar en el Poder del Espíritu Santo acompañándoles las señales sobrenaturales (Marcos 16:15-20; Hechos 4:29-31; Hebreos 2:3,4).

2. Añade una dimensión necesaria a la adoración y a la relación con Dios (1 Corintios 2:10-16; 12:13-14).

3. Los capacita para responder a la obra total del Espíritu Santo, expresando el fruto, dones y ministerios, como en los tiempos neostestamentarios, para la edificación del Cuerpo de Cristo (Gálatas 5:22- 26; 1 Corintios 14:12; Efesios 4:11-12; 1 Corintios 12:28; Colosenses 1:29).

El Ministerio

Un ministerio divinamente llamado y ordenado ha sido provisto por nuestro Señor Jesucristo con un triple propósito de dirigir a la Iglesia en:

1. La evangelización del mundo (Marcos 16:15-20)
2. La adoración a Dios (Juan 4:23-24)
3. La edificación del cuerpo de los santos, para perfeccionarlos a la imagen de su Hijo (Efesios 4:11-16).

Sanidad Divina

La sanidad divina es una parte integrante del Evangelio. La liberación de toda la enfermedad ha sido provista para nosotros en el sacrificio expiatorio de Cristo. Es el privilegio de todos los creyentes (Isaías 53:4; Mateo 8:16-17; Santiago 5:14-16).

La Esperanza Bienaventurada

La resurrección de aquellos que duermen en Cristo y su traslado juntamente con aquellos que estén vivos cuando sea la venida del Señor, es la eminente y bendita esperanza de la Iglesia (1 Tesalonicenses 4:16-17; Romanos 8:23; Tito 2:13; 1 Corintios 15:51-52).

El Reino Milenial de Cristo

La segunda venida de Cristo incluye el rapto de los santos, lo cual constituye la bendita esperanza del creyente, seguido por el visible retorno de Cristo con sus santos para reinar en la tierra por mil años (Zacarías 14:5; Mateo 24:25,30; Apocalipsis 1:7; 19:11-14; 20:1-6). El reino milenial traerá la salvación de Israel como nación (Ezequiel 37:21-22; Sofonías 3:19,20; Romanos 11:26,27) y el establecimiento de paz universal (Isaías 11:6-9; Salmo 72:3-8; Miqueas 4:3-4).

El Juicio Final

Habrá un juicio final en el cual todos los inicuos muertos se levantarán y serán juzgados según sus obras, todo aquel cuyo nombre no se halle en el libro de la vida, junto con el Diablo y sus ángeles, la bestia y el falso profeta serán consignados a eterno castigo en el lago ardiendo con fuego y azufre, que es la muerte segunda (Mateo 25:46; Marcos 9:43-48; Apocalipsis 19:20; 20:11-15; 21:8).

Cielos Nuevos y Tierra Nueva

"Nosotros, de acuerdo a sus promesas, esperamos cielos nuevos y tierra nueva en los cuales mora la justicia" (2 Pedro 3:13; Apocalipsis 21:22).

El Diezmo

a. Nuestros ministros recibirán su sostenimiento por medio de los diezmos y de las ofrendas de las iglesias locales. Cada iglesia debe sostener a su Pastor, ya que el obrero es digno de su salario (Mateo 10:10), y enviando el diezmo de diezmo para el sostenimiento del Concilio General (Nehemías 10:38).

b. Toda persona que sea capacitada como miembro, quedará comprometida a cumplir sus deberes religiosos y financieros.

c. Es deber sagrado aceptar el plan que Dios ha tenido desde el principio para el sostenimiento del ministerio. Lo dicen las Sagrada Escrituras "Abraham dio el diezmo" (Génesis 14:20). La ley demanda un diezmo (Levítico 27:30). Pablo nos dice: "Los que anuncian el evangelio vivan del evangelio" (1 Corintios 9:7-17).

d. Todos los obreros pagarán sus diezmos a la iglesia a la cual pertenecen, el así no hacerlo, se considerará razón suficiente para no renovarle su credencial.

e. Los diezmos serán usado únicamente para el sostenimiento de la obra, salario de pastor y la propagación del evangelio y no podrán usarse para otros fines.

Bibliografía

Constitución y reglamento de Asamblea de Iglesia Pentecostal de Jesucristo, Inc. Revisión 2008.

Actas e informes del Concilio Asamblea de Iglesia Pentecostal de Jesucristo Inc. Mantenidas en archivo en nuestra oficina central en el 3452 W. North Ave. Chicago, IL 60645.

Sendero de Verdad, Órgano oficial del concilio Asamblea de Iglesia Pentecostal de Jesucristo, Inc., año 50, volumen 23, junio 2001.

Entrevistas personales al Rev. Crisolo Texidor, ex presidente del concilio Asamblea de Iglesia Pentecostal de Jesucristo, Inc., por Lic. Sara Pabón en el año 2008-2009.

Entrevista personal al Rev. Ramón Rodríguez, Hijo de Mis. Juana Rivera fundadora conciliar.

Silva, Kittim. Esta es nuestra Historia. Historia de La Iglesia, del Concilio Internacional de Iglesias Pentecostales de Jesucristo, Inc.

Ramos Granell, Gilberto. Edificando Muros, Extendiendo Fronteras. Historia de la Iglesia Pentecostal de Jesucristo, INC.

Entrevistas a ministros, misioneras, pioneros de A.I.P.J., suministrada al autor por ellos.

Reportaje, revista, documentación de A.I.P.J.

Libros de actas de la congregación del Templo Paraíso, Pastoreada por Evaristo Díaz.

Imágenes en Yahoo. Googles

Anuarios de Instituto Bíblico Internacional, A.I.P.J., Inc. de Chicago, Wisconsin, Puerto Rico y California

Asamblea de Iglesia Pentecostal de Jesucristo.

Apéndice A

Fotos de algunos líderes y personas relacionadas desde nuestros orígenes con A.I.P.J., INC.

Esta foto habla de nuestro comienzo. Sentado: Mis. Juana Rivera Cardona, Rev. Alfonso Hernández, Rev. Andrés Matos, Rev. Rafael Torres...De pies están: Rev. Joaquin Ramoscentro

Mis. Juana Rivera Cardona y sus dos hijos.

La historia • Nuestras raíces en la plantación del Reino.

Primera Iglesia Chicago; II. Pastor Tomas Cortés

Rev. Crisolo Texidor, participando en el Día de Clamor a Dios.

Asamblea de Iglesia Pentecostal de Jesucristo.

Nuestros líderes en Chicago: (de izquierda a derecha) Rev. Chabelo Feliciano, Rev. Miguel Martínez, Rev. Ramón Gerena, Rev. Freddie Feliciano, Rev. Octavio

Graduación de California auspiciado por Rev. Jorge Ortíz.

La historia • Nuestras raíces en la plantación del Reino.

Grupo de estudiantes de IBI de A.I.P.J. en Chicago, al centro Rev. Ramón Gerena y Rev. Julito Castillo.

Rev. Jorge y Abigail Suárez con la congregación en California.

Asamblea de Iglesia Pentecostal de Jesucristo.

1ra. Directiva electa (de derecha a izquierda): Rev. Rogelio Encarnación, Rev. Virgilio Morales, Rev. José Luis Lora, Rev. Natanael Gerónimo, Rev. Pablo Javier Mercedes, Rev. Andrés Reyes Báez. Instalados por Rev. Jorge Suárez..

Apéndice B

Fotos de los líderes de Centroamérica

Rev. Oscar y Francisca Martínez, Supervisor y Pastores, El Salvador.

La historia • Nuestras raíces en la plantación del Reino.

Rev. Donato Mijango, Supervisor y Pastor Rolando Rodríguez Pastor Guatemala.

Lic. Antonio Juárez, Rev. Rogelio Centeno, Asistente Supervisor, Rev. Jamileth Aguilera, Supervisora y Pastora, Nicaragua.

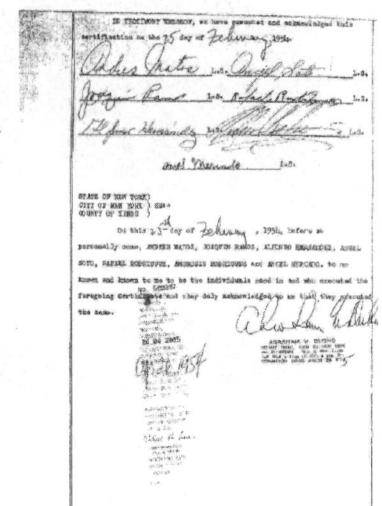

Asamblea de Iglesia Pentecostal de Jesucristo.

Apéndice C

NOTAS

Asamblea de Iglesia Pentecostal de Jesucristo.

NOTAS

NOTAS

Asamblea de Iglesia Pentecostal de Jesucristo.

NOTAS

La historia • Nuestras raíces en la plantación del Reino.

NOTAS